用文字照亮每个人的精神夜空

文之初系列

05

史记文明

学文之初，入门须正，立志须高

杨昊鸥　著

湖南人民出版社·长沙

图书在版编目（CIP）数据

史记文明 / 杨昊鸥著. —长沙：湖南人民出版社，2023.3（2025.7）
ISBN 978-7-5561-3113-6

Ⅰ. ①史… Ⅱ. ①杨… Ⅲ. ①《史记》—研究 Ⅳ. ① K204.2

中国版本图书馆CIP数据核字（2022）第231035号

史记文明
SHIJI WENMING

著　　者：杨昊鸥
选题策划：北京领读文化
产品经理：领　读·张睿宸
责任编辑：刘　婷
责任校对：夏丽芬
装帧设计：有品堂_刘俊

出版发行：湖南人民出版社有限责任公司［http://www.hnppp.com］
地　　址：长沙市营盘东路3号　　邮编：410005　　电话：0731-82683327

印　　刷：长沙超峰印刷有限公司
版　　次：2023年3月第1版　　　　　　印　　次：2025年7月第2次印刷
开　　本：880 mm × 1230 mm　　1/32　　印　　张：9
字　　数：172千字
书　　号：ISBN 978-7-5561-3113-6
定　　价：52.00元

营销电话：0731-82683348（如发现印装质量问题请与出版社调换）

学文之初，入门须正，立志须高

神话之门，童心滋养，想象翩翩

大美千字，妙笔生花，根基筑牢

诗国万物，江河草木，情思遥遥

论语知道，言行有度，自成高标

史记文明，兴衰可鉴，心追俊豪

如何领取"文之初"丛书
配套免费音视频课？

微信扫描二维码
关注"杨昊鸥讲语文"公众号。

后台回复：文之初。

点击自动弹出课程链接，
即可收听观看免费课程。

近年来，随着我国综合国力的不断提升，"文化自信"成为当下中国社会最重要的时代主题之一。"文化自信"落实在语文学科之中的重要表现，就是在教育过程和考试中不断加大优秀传统文化相关内容的比重。在今天，传统文化积累的厚薄程度已经成为中小学生语文能力高下的分水岭。

中国传统文化源远流长，博大精深，内容庞大。现代青少年各科学业压力繁重，留给传统文化积累的时间相当有限。如何在有限的时间中高效、优质地完成传统文化积累，是当今中小学语文学习的重要课题。

杨昊鸥老师深耕中小学语文教育十四年，从语文考试命题思路出发，为青少年读者量身打造"文之初"系列丛书。这套丛书知识内容丰富，学习目标明确，梯度设置清晰，能够让青少年读者在积累扎实传统文化素养的同时，同步锻炼语文考试核心能力。

为了帮助青少年读者更加深入地了解本丛书的知识内容，以及这些知识内容在考试中的实际运用情况，杨昊鸥老师专门录制了与本丛书内容配套的音视频课程，补充了大量可听、可看、可摘录、可反复学习的知识内容，让学习形式变得更加生动有趣，学习效率变得更高。

欢迎按背面文字指引，扫码领取免费课程。

祝各位读者阅读、学习愉快！

精美免费
配套课程

视听读
三维融合

立体构筑
文化传承

献给孩子们

与文学美妙的初逢

——『文之初』系列丛书总序

我是一名写作者和文学教师，同时，还是两个孩子的父亲。

我不会忘记多年前的那个凌晨，我在产房外小心翼翼地把女儿从妻子的身边抱起来，捧在怀里，感觉自己正捧着世界上最温柔的光芒。我告诉自己，今生一定要把最美好的东西全都给她。

和所有疼爱子女的家长一样，在孩子幼小的时候，我和妻子一直尽己所能地为她寻找优质的膳食方案、购买优质奶粉。在她适龄入学的时候，我们也像挑选奶粉一样精心为她挑选各个学科的优质教育方法和教育内容。

然而，恰恰是在我最熟悉的语文学科，我碰到了很大的困难。

当下针对青少年儿童的语文学习书籍多如牛毛，令人眼花缭乱。但是它们的精致程度和体系完善程度都不能令我满意。

我对儿童文学读物非常挑剔，甚至远远胜过我自己的日常阅读。因为，一个人接触某一个学科的最初感受将会极大影响他对这个学科最根本的认知和未来所能达到的高度。宋代文学理论家严羽在《沧浪诗话》中曾经提到过一个重要的教学观念："入门须正，立志须高。"借用到今天的青少年教育上也就是：小朋友年级越低，越要给他们输入优质、精致的教育内容。这就像一定要用优质奶粉去哺育嗷嗷待哺的婴儿一样，孩子们宝贵的成长时光是不可逆的，内容驳杂、营养程度极低的食品应该坚决剔除出他们的食谱。

举例来说，在女儿识字启蒙的阶段，我剔除了《三字经》和《弟子规》等一些时下热门的传统启蒙读物。因为《三字经》和《弟子规》都是识字率极低的古代最简单的民间识字教材，本身的文学品质比较平庸。

我为女儿挑选的识字启蒙教材只有一部《千字文》。《千字文》是南朝皇帝梁武帝指派当世大才子周兴嗣编纂的一部皇族识字教材，具有字不重复、文采飞扬、知识密集、趣味横生、书写优美（《千字文》是中国书法史上传抄频率极高的文学作品）等多重优点，它不仅是一部启蒙教材，还是中国文学史和书法史上璀璨的瑰宝。尽管《千字文》最早是一部皇族识字教材，但是在今天这个信息爆炸的时代早已走入寻常百姓家。我用了整整一年的时间教授女儿《千字文》，让她在朗读、背诵、听故事、学知识的过程中，同步练习基础书写，一鱼多吃。

有许多国学培训机构主张让儿童从小系统、完整地学习四书五经，我的看法有所不同。我的硕士和博士阶段都是攻读先秦两汉文学，具备相关的知识背景，所以我深深地知道这些古籍都是专业化程度很高的古代文献，如果不是从事专业研究，多数内容对于儿童学习而言毫无必要。当然，也不能完全否定其中符合现代教育价值的内容，所以我在为女儿讲授古代诗歌的时候挑选了一些《诗经》中的动人篇章，在为她讲授中国传统思想的时候重点挑选了部分《论语》段落，等等。

我为女儿挑选文学作品有两条标准。第一是必须具备文学的美感和格调。《千字文》里的"墨悲丝染，《诗》赞羔羊"相比《三字经》里的"人之初，性本善。性相近，习相远"，《千字文》里的"孔怀兄弟，同气连枝"相比《弟子规》里的"兄道友，弟道恭。兄弟睦，孝在中"，文学格调高下立判。毫无疑问，我会为她挑选前者。第二是在知识和思想上必须要能够促进对当下生活的思考，不能从古人那里简单照搬。女儿还在上幼儿园的时候，有一次缠着我给她讲故事，我就随口讲了一个"夸父逐日"的故事。没有想到她说："地球不是围绕着太阳转动吗？在地球上跑，怎么能追上太阳呢？"我突然意识到，我们处在信息化时代，儿童接受知识的方式相比从前已经发生了重大变化。所以，讲"夸父逐日"必须要连带着现代天文知识一起讲。同理，讲《论语》里的道理，或者讲《史记》里的故事，也必须要把古今文化打通来讲，这才是指向现代和未来的传统文化教育。

美感格调和对当下的思考，是我衡量儿童文学读物精致程度的两把标尺。利用这两把标尺，我可以从大量古籍中拣选出孩子的文学食谱。这并非自我标榜，我不会因为自己是文学教师就把文学教育置于全科教育之中特别突出的位置。对现代青少年而言,文学教育和数理教育、艺术教育、体育教育等同样重要。我为孩子的文学阅读去粗取精,正是为了帮她节省出时间接受更全面的现代知识。

学习体系是我关注的另一个重点。中国传统的文艺种类,在教学上都非常注重环环相扣的学习体系,这在传统文化当中叫作次第,也就是先后顺序的意思。比如说古人学书法,一般的路径是先由唐楷入门,之后逆上魏晋,待楷书稳固之后再学行草。再比如说古人学写诗,《红楼梦》里林黛玉教香菱写诗,教她先学王维五律,次学杜甫七律,再学李商隐七绝,将三座基石先打好,再把两晋南北朝诸位大名家融会贯通。这是真正的诗歌写作培养路径,非常扎实有效,所以小说中的香菱能够从一个诗歌门外汉迅速提升为一个合格的诗歌作者。

在现代的中小学语文学习当中,并没有建立起像传统文艺那样切实有效的进阶学习体系。现代中小学语文教育大多采用漫灌式的广泛阅读,大家非常喜欢给中小学生开出一大堆令人望而生畏的书单——而且书单上的书目经常更换,这批书读了不见成效就换一批书。至于先学什么,后学什么,先怎么学,后怎么学,怎样把不同阶段所学的语文知识、不同阶段建立的语文能力有效地集中整合在一起形成厚积薄发的合力,则完全是一笔糊涂账。所以我们看到真实的语文教育现状是,孩子们经过十多年的语文学习之后,背诵、书写、阅读、写作四大核心能力大多停留在较低的水平,孩子们普遍畏惧语文,甚至抵触语文的心理在中小学教育当中几乎是一个公开的秘密。

每当我看到当下青少年语文教育盲目混沌的现状时，心里总会出现《史记·太史公自序》里的一段话："意在斯乎！意在斯乎！小子何敢让焉。"

如果暂时没有令人满意的语文学习体系，那我就自己来吧。我为女儿设计语文学习进阶体系思路是，用一个专题内容，对应一个年龄阶段，同时，专题内容侧重与年龄阶段匹配的语文核心能力。

单一的专题内容易于在学习中集中发力。例如，我专门用《史记》专题来解决文言文学习的问题。《史记》是中国文学史上文言散文的巅峰之作，被明清两代的文章家奉为"文章祖宗"。中国古代散文名家名作浩如烟海，但只要能够对《史记》具备常识性的了解，对其中的精彩段落稍加用心，文言文就可以一通百通，自然过关。此外，围绕《史记》中的历史脉络，我们还可以把古今中外的相关知识拓展开来，高效地实现青少年文史通识教育。

我把这个进阶的体系用表格进行直观描述：

书名	内容	对应能力
《神话之门》	神话故事	培养兴趣、激发联想
《大美千字》	《千字文》	识字启蒙、端正书写
《诗国万物》	古代诗歌选	背诵积累、培育美感
《论语知道》	《论语》文选	传统道德、启发思辨
《史记文明》	《史记》文选	文言入门、增长见识

随着女儿年龄的增长，我会在未来的日子里继续延伸这个体系，继续补充中国现当代文学和外国文学，以及其他文史通识知识的内容，但将仍然延续这个体系的设计思路。

近些年来，我一直采用这个自创的体系来教女儿，我常在她的眼神中看到那种与文学初次相逢的美妙感觉。那是一种"好像有一点点难，但又很美、很有趣，我很想弄懂它"的感觉，用《论语》里的话来说，叫作"愤"和"悱"。在这种情况下对她进行"启"和"发"，是一件顺水推舟的事。

我想把这种美妙初逢的感觉奉献给所有热爱文学的孩子。所以我把日常教学的内容进行整理，编写成了这套"文之初"丛书。它既是一套青少年文学启蒙读物，也是一套文学文化普及读物。明代思想家李贽曾经说过："夫童心者，真心也。"只要我们仍然怀有热爱，只要我们仍然希望获得超越平凡生活的力量，我们就永远是真诚的孩子。

在这套书编写的过程中，张洪铭同学、谭心蔚同学、俞吉琪同学、梁颖欣同学为我分担了许多专业资料整理工作，青年书法家王铎翔亲笔示范了硬笔楷书《千字文》的书写，在此向他们表示衷心的感谢。教育是神奇的事业，它让孩子们走向成熟，让教育者保持年轻。希望我们的初学永远充满着年轻的活力！

杨昊鸥

《史记》是汉代的司马谈和司马迁父子合写的。

司马谈是汉朝的太史。太史是个什么职务呢？虽然太史里面有个"史"字，不过这个职务随着朝代的更迭，慢慢地不再和记录历史有关。太史主要管的是国家图书和天文历法，相当于我们今天的国家图书馆馆长和国家天文台台长。司马谈白天上班是去管国家图书和天文历法，可是他心里憋了一个属于自己的理想，就是要写一本书来记录从上古到他生活的时代所发生的历史事件和最重要的历史人物，并且希望可以通过记录这些事件和人物总结出人类社会发展的规律。

这真是一件想想都觉得很带劲的事。司马谈说干就干，每天下班就窝在家里为写这本书做准备，一准备就准备了几十年。

司马谈的儿子叫作司马迁。司马迁小时候在父亲的影响下读了很多书，知识非常渊博，是个小学霸。司马迁不仅书读得好，而且从小就会干耕地和放牧的活儿，身体也很棒。到二十岁的时候，司马迁凭借着自己的好身体干了一件特别有意思的事情，就是开始了一段自由的旅程。他这次旅行不是简单地游山玩水，而是一边旅行一边探险和考察，到实地去看一看那些在书上读到过的东西。就这样，他走遍了中国的大江南北。正是因为司马迁走过的地方多，见多识广，所以当时的皇帝汉武帝任命他为使者，出使今天中国的西南地区，也就是四川、云南等地。

正当司马迁完成了出使工作，从外地返回家乡的时候，他的父亲司马谈生了重病，好在司马迁在父亲去世之前赶回来见了最后一面。在临终前，司马谈拉着儿子的手告诉他，自己有一个未了的心愿，那就是自己一直在准备的书没能够完成，希望司马迁能够继承自己的遗志，完成这部书稿。司马迁含泪答应了父亲的嘱托。

司马谈去世之后，司马迁继任汉朝太史，执掌国家图书和天文历法。同时，司马迁一刻也没有忘记父亲的嘱托，他凭借自己惊人的知识储备和四方游历的见闻，以及他那卓然超群的文笔，用尽自己一生的时间，补充完成了《太史公书》。

《太史公书》还有一个更广为人知的名字——《史记》。

《史记》是中国历史上的奇书，它的伟大之处，很难用一两句话简单说清楚：

历史学方面，《史记》记录了从上古时代一直到司马迁所生活的汉武帝时期数千年之久的中国历史，是中国历史上第一部纪传体通史。中国传统历史学中的正史体例就是由《史记》开创的，二十四史的开山之作，就是《史记》。

文学方面，《史记》以精彩的事件叙述和生动的人物刻画成了中国古代写作的典范。清代影响力巨大的文学流派桐城古文派更是把司马迁视为祖师爷，极力模仿《史记》的写作风格。

思想方面，《史记》融汇先秦诸子百家，并且结合汉代经学思想，形成了自己独特的杂家思想，在历史人物评价和历史规律总结上产生了大量不落俗套的精彩见解。

地理方面，由于司马迁年轻时有过游历全国的宝贵经历，《史记》中记载了大量准确的地理知识，为后世的地理学、考古学、民俗学研究提供了许许多多宝贵的信息资料。

天文历法方面，由于司马谈、司马迁父子终生执掌国家天文历法，《史记》中还记载了大量的相关知识，为后世的天文历法学积累了宝贵的经验。

除此之外，《史记》在民族学、谱牒学、政治学等多个领域，都取得了相当高的成就。

能够达成以上任何一项成就都非常了不起，而司马谈、司马迁父子二人合力，完成了《史记》这部集大成的旷代杰作，突破了后世读者的想象，可以说，他们是一对超级爸爸和超级儿子。

在中国传统文化观念中，《史记》是一部必读书。两千多年以来，人们通过学习《史记》来学习历史、文章写作，以及学习其他各种各样的知识。《史记》记载的故事精彩纷呈，可读性非常强，所以我特别编写了这本《史记文明》，希望带领今天的青少年读者在趣味盎然的阅读之中，直观感受中国古代文明的高度，同时体验顶级的中国文章妙笔。

由于《史记》原书是按纪传体形式写成，时间线索错综复杂，对于入门读者而言，直接阅读原著难度比较大。所以本书按照历史演进的顺序，在《史记》之中精心挑选了四十个专题加以编排、翻译，供青少年读者入门学习。这四十个专题对应着《史记》中记载的上古时代到汉武帝时期最重要的四十个历史事件，也可以说是中国历史中光彩熠熠的四十个片段。

今天是一个信息化和全球一体化加速的时代，从现代教育的角度出发，我还特别在每个专题中加入了《史记》与现代事物、现代观念以及与世界历史相关的内容。希望青少年读者在入门之初就建立起从古代走向现代，从本土走向世界的文化格局。要知道，司马谈、司马迁父子在写作《史记》的时候一直怀有这样的雄心壮志：

亦欲以究天人之际，通古今之变，成一家之言。

（司马迁《报任安书》）

学究天人，通变古今，这是《史记》在知识成就和文学成就之外留给我们的宝贵精神财富，以此与所有的读者朋友共勉！

杨昊鸥

目 录

一、炎黄子孙   1

二、九州禹迹   7

三、汤武革命   15

四、周朝分封   23

五、烽火戏诸侯   31

六、齐桓称霸   39

七、晋文公   47

八、楚国兴起   55

九、晋楚争霸   63

十、秦穆公   71

十一、吴越争霸   79

十二、孔子与孔门弟子   85

十三、三桓之乱   93

十四、田氏代齐   99

十五、三家分晋   105

十六、魏文侯   111

十七、赵武灵王   117

十八、商鞅变法   123

十九、司马错伐蜀   129

二十、范雎入秦   135

二十一、合纵连横   141

二十二、战国四公子   147

二十三、先秦诸子   153

二十四、屈原   161

二十五、乐毅   167

二十六、白起   173

二十七、鲁仲连   179

二十八、吕不韦   185

二十九、荆轲刺秦   191

三十、秦始皇统一中国　　197

三十一、陈胜吴广起义　　203

三十二、西楚霸王　　209

三十三、楚汉争霸　　217

三十四、汉初三杰　　225

三十五、汉初动乱　　231

三十六、吕后称制　　237

三十七、七国之乱　　243

三十八、文景之治　　249

三十九、汉匈战争　　255

四十、武帝封禅　　261

一、炎黄子孙

[导言]

　　如果大家走进过一些国内著名的博物馆，会发现在博物馆的展览区里，最先陈列的往往是一些年代非常久远的陶器和衣服。看到这些陶器和衣服，我们仿佛也乘着历史的时光机，回到了那个人类跟洪水野兽相互搏斗的远古时代。在远古时代，人们像动物一样光着身子住在树上，吃生的东西，生活非常艰难。后来，有一些聪明勤奋的人发明了衣服以抵御寒冷，建造房子来防御猛兽的袭击，又发现了可以用火把食物加热烤熟，把庄稼的种子种到地里就能收获食物。他们就像是海上的灯塔，指引着大家前进，带领人类慢慢进入了文明时代。而黄帝和炎帝，就是他们中的代表。

亲爱的读者朋友们，也许我们生活在不同的地方，有着不一样的兴趣爱好，年龄、性别、经历都有差别，但我们都有一个共同的身份，叫作炎黄子孙。我们经常会说，我们是炎帝和黄帝的后代，那么，炎帝和黄帝都是谁？他们都做了些什么事情？我们为什么会把这两个人当成我们共同的祖先呢？接下来，就让我们一起来听一听炎帝和黄帝的故事吧。

[史记故事]

很久很久以前，在中国这片土地上，有着许多的部落。这些部落之间，有时候像朋友一样相亲相爱，有时候又像敌人一样争斗不断。

在众多的部落中，有一个最强大的部落，这个部落的首领叫炎帝，人们尊称他为"神农氏"，他统治着手下的部落，命令他们定期把自己部落里一些珍贵的东西上交到他这里。手下的部落当然不会乖乖听话，他们时不时反抗神农氏，打仗作乱，伤害百姓。慢慢地，神农氏也没办法维持自己的统治，其部落也逐渐衰落。

这时候，一个叫公孙轩辕的人站了出来，他是神农氏统治的部落中的一个人，从小就很聪明，长大后诚实勤奋，很有能力。轩辕带领着军队，打败了这些作乱的部落，平定了天下。这时候，炎帝又准备带兵进攻其他部落，打算好好教训他们，这些部落眼看自己就要被炎帝攻打，就纷纷来归顺轩辕。

轩辕对这些前来归顺的部落实行德政：一方面，好好安抚百姓。为了让大家一年四季都能吃上食物，他细心观察季节和气候的变化，规划好四方的土地，教导百姓顺应气候的变化种植作物。另一方面，轩辕严格训练军队，把各种猛兽都驯服成了勇猛善战的士兵，准备在阪泉的原野上，和炎帝展开战斗。经过充足的准备和多次的交战，轩辕最终取得了胜利。

经过这次战争，其他部落对轩辕更加顺从，但是有一个最暴烈的部落首领叫蚩尤，他始终不服从轩辕的统治，还多次作乱，不听轩辕的命令。于是，轩辕从手下的部落里征集军队，团结力量，和蚩尤在涿鹿决战，最终把蚩尤杀死，赢得了战争。

在轩辕平定蚩尤之后，四方的部落都把轩辕奉为自己的首领，轩辕取代了神农氏，又因为轩辕曾经教导百姓如何耕种土地，所以大家在称呼他的时候，都会联想到土地的颜色，因此他也被称为黄帝。黄帝在成为天下首领之后，也没有闲下来，他时刻都在思考一个问题：怎样才能让百姓过上更好的生活？经过细心观察和多次实践，黄帝终于解决了这个难题。为了减少洪水、暴雨、地震这些可怕的自然灾害，他多次祭祀山川神明，向天地祈求风调雨顺；为了让人们都过上和平安定的生活，他带领军队驱逐入侵者，并且建造了城市，让百姓安居乐业；为了让大家都能享受到丰富的物产，他规定不能过度使用自然资源，保护山川林湖。就这样，经过黄帝的种种努力，天下的百姓都过上了安定太平的生活。

[精彩原文]

炎帝欲侵陵诸侯，诸侯咸归轩辕。轩辕乃修德振兵，治五气，艺五种，抚万民，度四方，教熊罴貔貅貙虎，以与炎帝战于阪泉之野。三战，然后得其志。蚩尤作乱，不用帝命。于是黄帝乃征师诸侯，与蚩尤战于涿鹿之野，遂禽杀蚩尤。而诸侯咸尊轩辕为天子，代神农氏，是为黄帝。天下有不顺者，黄帝从而征之，平者去之，披山通道，未尝宁居。

——《五帝本纪》

在人类历史上，很多民族都流传着关于自己族群祖先的传说。

比如说，意大利人认为自己是喝狼奶长大的双胞胎——罗穆路斯和勒莫斯的后代。传说罗穆路斯和勒莫斯特别骁勇善战，所以意大利人把他们看作自己民族的祖先。

中国人自古以来就把文明与和平看作最珍贵的东西，并愿意把带给我们文明与和平的伟人视为自己的祖先。

二、九州禹迹

[导言]

　　今天，现代人类已经建立起一套应对自然灾害的有效机制：洪水暴发的时候，坚实的堤坝是我们可靠的护盾，把洪水稳稳挡住；地震发生的时候，有效的预警信号是我们的千里眼、顺风耳，能让我们提前做好逃生准备；当台风来袭的时候，天气预报就会变成机警的哨兵，为我们争取充足的时间去抗击台风。但是，尽管我们现在已经拥有了各种各样抵御自然灾害的手段和方法，我们还是没有办法完全战胜灾害，它们依然会对人们的生命财产造成巨大威胁。

　　那么，在科技力量远远落后于现代的古代，自然灾害就更可怕了。特别是洪水。当洪水来袭，土地上的一切瞬间都会被淹没，光凭人力根本无法阻挡。因此，该怎么对付洪水，一直是一个让祖先们非常头疼的问题。这时候，有一个叫禹的人站了出来，他把自己的智慧充分运用到了实践之中，顺利地让大家躲过了洪水的威胁，让百姓可以安全地在这片土地上继续繁衍生息。

[史记故事]

　　黄帝去世以后，把首领的位置传给了自己的孙子颛顼（zhuān xū）。颛顼死前，把首领的位置传给了侄子帝喾（kù）。帝喾死后，一开始由挚接任首领，但挚在任时没有做出什么功绩，于是，尧就接替他成为首领。

　　在尧帝统治的时代，世界上发生了一场大洪水。这场洪水破坏了生产，夺去了很多人的生命。于是，尧挑选了一个叫作鲧（gǔn）的手下前去治理洪水。可是九年时间过去了，洪水依然泛滥不止，鲧的治理没起到一点儿作用。这时尧的年纪已经很大了，他正在寻找自己的继承人。一天，尧发现了贤明能干的舜，他觉得舜可以担当大任。为了锻炼舜，尧让舜代自己处理政务，派舜去四方巡视。舜在巡视途中，看到鲧治理洪水实在做得不成样子，于是就在羽山把他诛杀了，天下人都觉得舜对鲧的惩罚是公正的。

鲧死后，洪水依然在泛滥。该由谁接过鲧的接力棒，继续治理这烦人的洪水呢？这个问题又困扰着大家。这时，尧已经去世，舜接替了尧的位置，成了天下的首领。关于治水这个问题，舜的心里其实已经有了答案。

在巡视四方的时候，舜就已经发现，鲧的儿子禹非常勤劳能干，并且待人平易亲切，诚实可信。所以，禹就成了治水的最佳人选。

大家为该选派谁去治水这个问题烦恼着，大臣们乱成了一锅粥。这时，舜开了口："我们可以派禹去！"话音一落，大家都非常惊讶。听到这个名字，有人忍不住说："可是……禹是鲧的儿子，他父亲就是因为治水不力被您处死的，您现在却要派他去治水？"舜听完笑了笑，说："我相信他，如果禹去的话，肯定能把洪水治好！"

大臣们知道，他们的首领在任用人才方面很有一套，因为舜即位不久就选用了二十二位精明能干的大臣，让他们分别负责自己擅长的领域，把天下治理得井井有条。比如，舜让精通农业的弃教百姓种植五谷，让百姓们都能吃饱；公正而有威严的皋陶（yáo）被任命为法官，负责惩治犯罪，维持法纪；擅长音乐的夔（kuí）担任乐官，用音乐和诗歌教化百姓；熟悉礼仪的伯夷担任礼官，主持祭祀，祈求风调雨顺。舜让各类人才都做好自己分内的事情，这样，天下也就不会有祸乱。因此，当大臣们听到这位眼光一向准确独到的首领坚定地说出了禹的名字，也就没有人再反对了。

接到任命之后，禹为了治理洪水，一路翻山越岭，不顾劳苦，为了量度山川的形状，测定洪水的路线，他的手上总是拿着绳子、圆规、尺子这些工具。禹日夜辛劳，苦苦思考治理洪水的方法，可是洪水依然凶猛，仿佛下一刻就要把他吞没。面对来势汹汹的洪水，禹一下子没了底气，他想到了自己因为治理洪水不力而被处死的父亲，也许自己真的要重复父亲的结局，无奈又伤感。

"嗯？父亲？"禹转念一想，就想到了父亲怎样治理洪水。禹清楚记得，那时候父亲每天都在忙着修筑堤坝。父亲说，只要堤坝修好，洪水就能治好。可是，虽然父亲修了很多座堤坝，洪水却依然不听指挥，四处乱窜，那些堤坝不仅不能止住洪水，反而被洪水冲塌，造成更大的伤亡。"那么，要是我不把洪水困住，而是把它放到一个不会伤害到人的地方呢？"想到这里，禹激动地拿起了手边的工具，画下了自己的思路。当他画完，他就知道自己已经找到治理洪水的方法了。

于是，禹按照自己的思路，选择了疏通洪水的方法，把四处泛滥的洪水引到不会威胁到人们的地方。对于治理洪水，禹丝毫不敢松懈，他好几次经过自己家门，都没有时间进去，转头又跟着大家一起投入治水的战斗中。就这样，经过十三年的努力，禹终于带领大家把不听话的洪水驯服成了平静的河流。这场与洪水的战斗，终于取得了胜利。

在治理洪水的过程中，禹还认真考察了大地上的山川走势和地形，按照地理位置的不同，把天下分成了九个州，重新划定了疆土的边界。在把洪水治理好之后，九州的百姓也终于可以安心耕作生活，来自九州的物产，也比之前大大增加了。

因为禹治理洪水立下了大功，也非常有才干，舜就把首领的职位传给了他。人们为了纪念禹的伟大事迹，都尊称他为"大禹"。

[精彩原文]

禹乃遂与益、后稷奉帝命，命诸侯百姓兴人徒以傅土，行山表木，定高山大川。禹伤先人父鲧功之不成受诛，乃劳身焦思，居外十三年，过家门不敢入。薄衣食，致孝于鬼神。卑宫室，致费于沟减。陆行乘车，水行乘船，泥行乘橇，山行乘檋。左准绳，右规矩，载四时，以开九州，通九道，陂九泽，度九山。

——《夏本纪》

[知识拓展　诺亚方舟的故事]

很多国家和民族都有关于大洪水的传说。这不是偶然的事情。根据现代科学家的推测，这可能是因为在几千年前，地球曾经经历过一次气候变暖，导致冰川融化，所以在全世界范围内同时出现了大洪水灾害。

外国最有代表性的大洪水传说是《圣经》里"诺亚方舟"的故事。根据《圣经》的记载，上帝看到人类的世界充满着混乱与罪恶，于是就计划用大洪水消灭所有的恶人。但是上帝发现诺亚是个好人，所以就在洪水来之前提示诺亚，让他建造一艘方舟，带上他的家人以及挑选出的生物上船，躲避这场洪水。最后，除去方舟内的生命外，所有生物都因为大洪水而死亡。方舟靠岸后，诺亚将祭品献给上帝，让上帝平息了怒火，决定以后不再消灭人类。之后，诺亚一家人就在新的家园继续繁衍生息。

很多地方的大洪水传说都和"诺亚方舟"的故事比较接近，当大洪水来临的时候，人类要么逃向高山，要么躲进大船。

如果我们细心对比"大禹治水"和"诺亚方舟"这两个故事，就会发现有很大的不同。第一，面对灾难的时候，中国人的祖先并没有想到逃跑，而是勇敢地面对灾难，战胜灾难。第二，在"大禹治水"中，人类并没有得到神明的帮助，而是完全依靠自己的智慧和力量去对抗灾难。第三，鲧的失败没有令后人完全灰心丧气，反而激发了禹战胜洪水的决心。

所以，"大禹治水"这个故事，蕴含着中国传统文化中勇敢、独立、坚强的民族品格，直到今天，还在鼓舞着我们。

三、汤武革命

[导言]

亲爱的读者朋友们，相信我们每一个中国人都会唱《义勇军进行曲》："起来！不愿做奴隶的人们！"88年前，我们的先辈们就是唱着这样一首歌，靠着顽强拼搏的精神和百折不挠的意志，打败了侵略者，建立了新中国。当一个旧政权失去了民心，我们中国人有勇气和能力去推翻它，建立新的国家政权，让大家都过上和平安定的日子。而这种革命的基因，其实正是继承自我们历史上的先辈们。

作为大禹的后代，夏桀（jié）并没有像他的先祖那样聪明能干，反而暴虐无道，残害百姓，导致百姓都非常不满夏桀的统治。于是一个叫作成汤的人站出来，带领着自己的子民，推翻了夏桀的统治，建立了商朝。商朝建立后，又过了几百年，轮到商纣王执政的时候，他没有好好珍惜先祖辛苦建立的基业，穷兵黩武，骄奢淫逸，导致民怨沸腾，重蹈了夏桀的覆辙。这时，商朝统治下的周部落率先反抗，周部落的首领姬发带领军队，和纣王在牧野展开决战，最终取得胜利，推翻商朝，建立周朝。姬发，就是周朝的开国君主周武王。

后来，人们把成汤推翻夏桀和周武王推翻商纣王这两个历史事件合称为"汤武革命"。"革命"这个词，最早就出自这里。它表达了中国人自古以来就有勇敢抗争的精神。

[史记故事]

姬发看到空中突然降下一团火焰，凝固成红色乌鸦状，长叹了一口气，说："看来我们今天是没办法讨伐纣王了。"周围的人听到姬发这么说，都感到十分疑惑，他们问道："可是，我们今天之所以聚集在这里，不就是准备一起去讨伐的吗？"姬发听完，摇了摇头，说："你们不懂，现在还不是最好的时机，我们还是回去吧。"姬发环视了一下四周，在他身边站着的，是商王朝所分封的四方诸侯，虽然自己没有跟他们事先约定，但是诸侯一听到自己要出兵讨伐纣王，都纷纷赶来相助。

只是可惜，他们都没注意到空中刚刚飞过的火焰，但姬发却看到了，他知道这是上天给他的暗示：商王朝还没有到灭亡的时候，并不好对付，如果这时冲动出兵，只会损失惨重。所以，他只好解散联军，等待下一次机会的来临。听到姬发这么说，诸侯虽然不情愿，但还是带着自己的军队离开了。

在诸侯看来，姬发先是向天下宣布自己要讨伐商纣王，现在马上就要开始打仗了，又突然退缩，真是个胆小鬼。可是他们不知道，姬发对商纣王早已经恨之入骨，他比谁都更想推翻这个暴君。

在他还没成为周部落首领的时候，他就已经知道商纣王这个人非常残暴昏庸，荒淫无度：

他为了给自己建造新的王宫，命令手下官员加重税收，剥削百姓，聚集了一大笔钱财。

他喜欢喝酒作乐，就命令人挖出几个大池子，把酒倒在里面当作池水，又命人把肉悬挂在池子边上，当作树林，称为"酒池肉林"，让男男女女不分白天黑夜地在里面追逐嬉闹。

他发明了一种叫"炮烙"的残酷刑罚，让犯人走在涂了油的铜柱上，在铜柱下面点燃炭火，很多犯人掉在炭火里被活活烧死。

他喜欢美女，九侯就把自己的女儿献给了他。但九侯女儿看不惯纣王荒淫残暴的样子，纣王也认为她长得丑陋就把她杀了，还把九侯也剁成了肉酱。鄂侯听说了这件事之后，极力劝纣王不能这样做，纣王听了很生气，把鄂侯制成了肉干。姬发的父亲姬昌听说了这个事情，只是微微叹息了一句，一个叫崇侯虎的小人知道了，就去向纣王告发，于是姬昌就被纣王囚禁在羑（yǒu）里。幸好姬昌的手下搜集了一大批美女珍宝，献给了纣王，姬昌终于被释放。

在被释放之后，姬昌回到自己的封地修养德行，推行善政，慢慢地积聚势力，打算推翻纣王，拯救百姓。但这个愿望还没有实现，姬昌就去世了。于是，姬发在接替父亲的位置成为封地首领之后，也继承了父亲的事业，时刻准备讨伐商王朝。

过了两年，纣王越来越荒淫无度，纣王的庶兄微子十分痛心，多次劝谏，纣王都不理会他，微子就跟太师、少师一起逃离了殷国。比干却不肯离开，冒死进谏，纣王十分生气，对比干说："我听说圣人的心有七窍，叔父的心也是这个样子的吗？"说完就把比干的心剖了出来，杀死了他。比干的兄弟箕子十分害怕，就假装疯癫去给人家当奴隶，但纣王还是没有放过他，派人去把他抓住囚禁起来。这时候，商王朝已经完全失去了民心，商朝的太师、少师都拿着商朝的乐器和礼器赶来投奔周，姬发知道，这就是他一直在等的机会，于是就率领诸侯，前去讨伐。双方的军队在牧野交战，虽然姬发的军队在人数上远远不如商王朝，但还是取得了胜利。纣王听到了落败的消息，也知道自己气数已尽，姬发率领的军队马上就会杀进内城，于是就慌慌张张地逃到鹿台上，穿上了自己平时最喜爱的宝玉衣，自焚而死。

纣王跳进熊熊烈火，在人生的最后时刻，他突然想起了小时候的事情。小时候，身边的长辈们就向他讲述过先祖成汤的故事：夏朝的最后一任君主桀残酷无道，施行暴政，他为了给自己营建豪华的宫室，强征百姓为他做苦工，又加重剥削，压榨百姓。夏桀还十分骄傲，他声称自己像太阳一样伟大，但深受夏桀迫害的百姓却已经忍无可忍了，他们说："你这个太阳什么时候才能被消灭？为了不再受苦，我们情愿跟你一起灭亡！"这个时候，商的首领成汤站了出来，聚集军队讨伐夏桀。成汤既施行仁政，厚爱百姓，又懂得选用人才，发现了出身卑微却有高超才能的伊尹，让他帮助自己管理国家。就这样，在成汤和大臣们的努力下，商逐渐强盛，而失去了民心的夏桀却一步步走向衰弱。双方展开战斗的时候，成汤的军队很轻松地就把夏桀给打败了。紧接着，成汤又率领军队继续平定那些忠于夏的诸侯国，把他们的珍宝全都缴获。战争胜利以后，成汤登上了天子之位，平定了天下，建立了商朝。而现在，身为成汤后代的纣王，因为荒淫无道，残害百姓，没有好好珍惜先祖辛苦打下来的天下，最终也跟夏桀一样被推翻了，真是自取灭亡啊！

牧野之战胜利后，姬发推翻了商朝，建立了周朝。中国历史翻开了崭新的一页。

[精彩原文]

居二年，闻纣昏乱暴虐滋甚，杀王子比干，囚箕子。太师疵、少师强抱其乐器而奔周。于是武王遍告诸侯曰："殷有重罪，不可以不毕伐。"乃遵文王，遂率戎车三百乘，虎贲三千人，甲士四万五千人，以东伐纣。十一年十二月戊午，师毕渡盟津，诸侯咸会。曰："孳孳无怠！"武王乃作《太誓》，告于众庶："今殷王纣乃用其妇人之言，自绝于天，毁坏其三正，离逷其王父母弟，乃断弃其先祖之乐，乃为淫声，用变乱正声，怡说妇人。故今予发维共行天罚。勉哉夫子，不可再，不可三！"

——《周本纪》

[知识拓展 特洛伊战争]

三千多年前，周武王带领军队推翻荒淫无度的商纣王，建立了周朝。而在与其时代接近的古希腊，也发生了一场惊心动魄的大战，叫作特洛伊战争。

为了争夺地中海地区的富饶资源和统治霸权，斯巴达国王墨涅拉俄斯带领阿凯亚人的联军前去讨伐特洛伊城。但由于特洛伊城的城池非常牢固，易守难攻，阿凯亚人和特洛伊人对峙了十年，战争依然没有任何进展。这时，墨涅拉俄斯手下的军师奥德修斯献上了妙计，他先命人制造了一个巨大的木马，派二十位精锐勇猛的士兵藏到木马里面。然后，他又命令阿凯亚人全部登上战船离开，并故意把木马留在了特洛伊城外。果然，特洛伊人中计，以为阿凯亚人已经认输逃跑，就把木马当成战利品送回了城内。当晚，特洛伊人饮酒庆祝，在他们松懈下来的时候，藏在木马里的士兵突然出击，打开城门，与阿凯亚人的军队里应外合，攻下了特洛伊城。最终，阿凯亚联军取得了战争的胜利。

我们会发现，当历史步伐不断前进的时候，战争往往是不可避免的。虽然战争很残酷，代价也十分惨重，但人类在战争中展现的高超智慧与拼搏精神，以及战争留给我们的历史教训，都非常值得我们学习或反思。成汤和武王遵循天命的引导，讨伐荒淫无度的夏桀及商纣，把天下百姓从残暴的压迫中拯救出来。阿凯亚人善于运用智慧，做好了充足的战斗准备，趁敌不备，出奇制胜。

四、周朝分封

[导言]

　　今天的人们提起山东，往往会把它称为"齐鲁大地"。有一条横贯陕西中南部的著名山脉，它的名字叫"秦岭"，陕西所在的渭河平原，人们称为"秦川"。提起山西，人们会很自然地联想到它的简称"晋"。在明清时期，来自山西的商人被称为"晋商"。山东和齐鲁、陕西和秦、山西和晋，这些古今地名之间仿佛有着某种特殊的联系。这种联系还得从三千多年前周王朝刚刚建立的时候说起。对于一个刚建立不久的王朝来说，最头疼的问题莫过于该怎么把这么大的天下治理好。那么，周王朝是用什么方法解决这个问题的呢？这就必须要讲到"封建制度"的概念。

"封建"就是封邦建国。周朝建立之初，为了治理好广阔的疆土，周天子就将土地分为许多部分，分封给有功于国家的大臣以及一些同姓的亲族，这些大臣和亲族就在周天子赐予他们的土地上，建立起一个个诸侯国。这些诸侯国除了有保卫周天子和向周天子朝贡的责任之外，还需要负责自己封地的内政外交，相当于一个个独立王国。这些独立王国慢慢发展出了属于自己的地域文化，影响深远，直到今天。这就是古今地域文化之间的天然联系。

[史记故事]

　　经过一场大战，周武王成功推翻了残暴无道的商纣王，建立了周王朝，王朝的首都定在镐（hào）京。新王朝建立，本来是一件非常值得高兴的事情，可是武王却根本没时间庆祝，因为建立一个新的王朝，需要处理的问题实在是太多了：要怎样处理殷商的遗民？该用什么方法去统治这个国家？那些跟随自己行军作战，立下了战功的功臣和宗室，又该给他们什么赏赐？种种问题，都出于同一个原因，那就是这个国家真的太大了。周武王回忆起在王朝建立之前，自己还只是一个部落首领，周的封地很小，需要管理的事情也不多。而现在，他已经是天下的君主，要统治一个这么庞大的国家，光靠他一个人的力量，肯定是远远不够的。

该用什么方法才能把这个新建立的王朝治理好呢？武王思考了很久很久，终于，他想到了一个好办法：把整个天下划分成一个个区域，再把这些区域依次分封给自己信任的宗室和功臣们，由他们直接负责自己封地内的事情，再让他们定期向自己汇报。这样一来，既能把国家治理好，又能起到赏赐的作用，真是个一举两得的好方法！

有了想法，武王立马就把它付诸实践。首先需要解决的，是殷商遗民的问题。商王朝刚刚被推翻，那些一直生活在殷地，被商王朝统治的百姓，对于周这个新王朝，难免会有不满的情绪。所以他们最需要安抚，也需要有一块封地让他们休养生息，为了避免殷商遗民反叛作乱，还必须派几个信得过的人去监视他们。思来想去，武王将殷商的遗民们交给商纣王的儿子禄父（fù）统治，还命令自己的弟弟鲜和度前往辅佐，帮助禄父治理殷国，监视遗民。然后，武王为了纪念古代的圣王，依次分封了神农氏、黄帝、尧、舜、禹的后代，让他们都享有封地。最后赏赐功臣和宗室，辅佐武王伐纣、立下大功的吕尚（姜太公）被分封到营丘，国号为齐；弟弟周公旦被分封在曲阜，国号为鲁；召公奭（shì）被分封在燕；负责帮助禄父治理殷国的鲜和度被分封在管和蔡这两个地方，所以鲜和度也被称为管叔和蔡叔。之后，为了安抚刚刚经历了战乱的天下百姓，武王解散了军队，把兵器都收进了仓库，把战马都放养到山上去，用这样的举动表示自己以后再也不会发动战争，百姓从此就可以安心生活了。

处理好这些事情后，武王又把目光投向了国家的都城镐京。在武王看来，虽然镐京是新王朝目前的都城所在，但这个地方位置太过偏僻，没办法很好地对遍布全国的众多封地进行统治。相比之下，位于天下中央的洛邑，才是营建都城的最佳地点。所以，武王非常希望能在洛邑营建一个新都城，以便更有效地统治四方诸侯。可是，还没等到洛邑的新都城建好，武王就因病去世了。

武王去世后，太子诵登上了王位，称为成王。因为成王在继承王位的时候年纪还很小，无法处理繁重的国家政事，而且这时周平定天下不久，力量还很薄弱，分封到各地的诸侯随时都可能背叛周朝，兴兵作乱。于是，武王的弟弟周公旦就担任了摄政的职务，代替成王主持国事。事实证明，他们对于诸侯兴兵作乱的担心不无道理。在成王继位之后不久，就有一些不怀好意的诸侯散播谣言，说周公旦摄政是想篡夺王位，等时机一到，他就会发起叛乱，取而代之。

这些谣言非常荒谬。经过调查，周公旦发现，原来散布这些谣言的不是别人，正是自己的两个兄弟管叔和蔡叔！他们本来负责辅佐禄父治理殷国，监视遗民，但他们不仅没有履行好自己的职责，反而联合禄父，率领军队背叛周朝。于是，周公旦奉成王的命令，亲自前往殷地，去平息这场叛乱。最终，周公旦获胜，他诛杀了管叔和禄父，流放了蔡叔。为了避免这样的情况再次发生，周公旦把诸侯重新分封了一次，他让商纣王的叔父微子启继承了殷商的后嗣，把微子启封在宋国。之后，周公旦又让自己的弟弟封前往殷地，封他为卫康叔，让他去统治这些殷商遗民。

叛乱平息后，周公旦没有忘记武王的遗愿，前往洛邑继续营建新都城。最后，洛邑营建完成，周公旦就把象征国家的九鼎安放在洛邑，向天下宣布："这里就是天下的中心！"之后，周公旦再次东征，讨伐了作乱的淮夷和奄国，逐渐消灭了殷商的残余势力。周朝的统治慢慢走上了轨道，治理国家的制度也需要重新制定。于是，周公旦就写下《周官》，说明周朝选用官职的办法制度，又重新规定了王朝的礼仪，谱写了国家祭典所需要的音乐，颁布了国家实行的法令。自此，天下和睦太平，百姓们安居乐业，大家都在热情歌颂着成王和周公旦的功绩。

　　周公旦摄政七年后，成王已经长大成人，国家也渐渐太平下来。周公旦就把国事全部交还成王主持，自己从摄政的位置上退了下来，回到了大臣的行列。

[精彩原文]

　　封商纣子禄父殷之余民。武王为殷初定未集，乃使其弟管叔鲜、蔡叔度相（xiàng）禄父治殷。已而命召公释箕子之囚。命毕公释百姓之囚，表商容之闾。命南宫括散鹿台之财，发钜桥之粟，以振贫弱萌隶。命南宫括、史佚展九鼎保玉。命闳（hóng）夭封比干之墓。命宗祝享祠于军。乃罢兵西归。

　　行狩，记政事，作《武成》。封诸侯，班赐宗彝（yí），作《分殷之器物》。武王追思先圣王，乃褒封神农之后于焦，黄帝之后于祝，帝尧之后于蓟（jì），帝舜之后于陈，大禹之后于杞。于是封功臣谋士，而师尚父为首封。封尚父于营丘，曰齐。封弟周公旦于曲阜，曰鲁。封召公奭于燕。封弟叔鲜于管，弟叔度于蔡。余各以次受封。

——《周本纪》

[知识拓展 欧洲的封建制度]

为了更好地治理国家，周王朝对诸侯实行了分封。周王朝所实行的这种制度，被称为封建制度。通过实行封建制度，周王朝将全天下的领土划分为一个个诸侯国，实现了对王朝所拥有疆域的有效统治。而在距周朝一千多年后的欧洲，也出现了一种与周朝类似的封建制度。

欧洲的封建制度最早出现在公元5世纪的法兰克王国，它的统治范围包括今天的法国、瑞士、比利时、荷兰、德国等地区。上一代王朝在统治时，把国家土地无条件赏赐给贵族，导致国家所拥有的地产几乎被耗尽。法兰克王国新上任的宫相查理·马特为了改变这种局面，决定实行采邑改革：国家向豪绅显贵赏赐采邑（也就是封地），接受了采邑的贵族们必须自备军队，履行保护封主（也就是国王）的义务。而国王也有责任保护拥有采邑的贵族，如果国王侵犯了贵族的权利，贵族们也可以联合起来反对国王。通过实行采邑改革，国王可以有效限制贵族无条件享有封地的权力，这加强了王权，国家和社会也得到了稳定发展。

五、烽火戏诸侯

[导言]

　　我们都有这样的生活经验，一样东西用的时间久了就会容易坏。比如，食物放久了容易腐烂，衣服穿久了容易出现破洞，家里的电器使用时间长了就容易发生故障。政治制度也是一样的，如果没有及时对政治制度进行改革，也会出现各种问题。周王朝实行的封邦建国制度，也不例外。

　　如果把三千多年前的周朝比作一个大家庭，那么周天子就像是这个家里的大哥，天子分封的诸侯就是弟弟们。当家里出了事情时，周天子这个大哥就会把弟弟们都叫过来，一起解决问题。平时没事的时候，大哥和弟弟们就都各过各的。一开始，大哥做事情还很靠谱，在弟弟们面前也非常有威信。家里出了事，大哥一喊，弟弟们就过来帮忙了。可时间久了，大哥做事越来越荒唐，慢慢丧失了威信，再也喊不动弟弟们了。

而弟弟们也慢慢长大，有自己的想法，也不愿意凡事都听大哥指挥了，甚至想把大哥的位了给抢过来。从此之后，这个家就开始纷争不断。那么，周天子这个大哥，是因为什么，丧失了自己的威信，让弟弟们都不信任自己了呢？下面，我们一起来了解一下周幽王烽火戏诸侯和周平王东迁的故事。

[史记故事]

　　周朝的第十二位君主叫作周幽王。在周幽王即位的第三年，有一天他到后宫里去，远远地看见了一个非常美丽的女子。幽王很惊讶，自己的后宫里什么时候来了个这样的美人？于是他问左右侍奉的人："你们知道那个女子叫什么名字吗？"左右的人回答说："大王，那是褒姒。"褒姒？周幽王还是没什么印象。左右的人接着说道："之前有一个褒国的臣子犯了罪，他为了求您饶恕，就把褒姒献给了您。"幽王这才想起来，确实是有这么一回事，可惜当时也只是听手下的人向自己汇报，没想到褒姒居然如此美丽动人。很快，幽王就开始对褒姒宠爱有加。幽王与褒姒生下了一个儿子叫伯服。幽王想把伯服立为太子，可是自己之前已经把宜臼（jiù）立为太子，宜臼的母亲是幽王的王后，申侯的女儿。为了让伯服顺利成为太子，幽王就把王后和宜臼都废掉了，改立褒姒为王后，伯服为太子。周朝的太史伯阳听说了这件事，感叹道："幽王居然废了王后和太子，看来周朝离灭亡不远了！"

随着时间推移，伯阳的这种预感越发强烈。有一次，他在国家藏书中翻阅到了一些历史典籍，上面记载了一个奇怪的传说故事：夏朝开始衰落的时候，有两条神龙落在了夏王的宫廷里，它们说："我们是褒国的两个先君。"夏王看到这两条龙，感到十分害怕，不知道该杀掉它们，赶跑它们，还是留住它们。于是，夏王命人进行占卜，占卜的结果显示，唯一的解决方法是留下它们的唾液，并把唾液藏在宫廷里。夏王照着占卜的指示做，摆好了祭祀用品，书写简册，向二龙祷告。二龙在流下唾液后，就消失不见了。后来，夏王用一个木匣子把两条神龙的唾液藏了起来。夏朝灭亡后，匣子传到了商朝，商朝灭亡后，又传到了周朝，经历了三个朝代，从来没有人敢打开这个匣子。但到了周厉王，也就是周幽王爷爷的时候，有人打开了这个匣子，龙的唾液从匣子里流到了王宫的殿堂上，怎么都清洗不掉。然后，唾液变成了一只黑色的大蜥蜴，爬进了周厉王的后宫。后宫里有一个七八岁的小宫女，她一不小心碰到了那只蜥蜴，等到她十五六岁成年以后，居然没有结婚就生下了一个孩子。宫女很害怕，就把这个孩子扔掉了。当时，周朝的国君是周宣王，也就是周幽王的父亲。有一段时间，很多小孩子都在唱着这样一首童谣："用山桑做弓箭，用箕木做箭袋，这些东西就是灭亡周朝的祸害。"周宣王听到了这首童谣，很害怕童谣里说的事情成真。刚好有一对夫妇，他们就是靠卖山桑弓和箕木袋为生的，于是周宣王就派人去追杀他们。这对夫妇逃到半路上，发现了那个被宫女遗弃的小女孩，看她可怜，就收养了她。后来，这对夫妇一直逃到了褒国，就带着小女孩在那里住了下来。故事读到这里，伯阳已经能想到那个被收养的小女孩是谁了——她不就是周幽王新立的王后褒姒吗？那对夫妇在褒国定居之后，过了十几年，因为褒国人得罪了周朝，那个女孩又被献给了周幽王。神龙的唾液，必定会对国家造成灾难，而褒姒恰恰就是因神龙唾液而生的妖女。幽王对此还全不知情，把所有心思都用来宠爱褒姒，根本就无心管理朝政。想到这里，伯阳感慨道："唉，祸乱已经造成了，再也没有办法了！"

后来的事情，也恰恰像伯阳所预料的那样，幽王越来越昏庸无道了。他任用虢（guó）石父管理国政。虢石父为人奸诈贪财，又很会阿谀奉承，百姓们都对他很不满，但是幽王完全没有理会，继续重用他。褒姒虽然长得美，却不爱笑。幽王为了让她笑一笑，想尽了各种办法，可褒姒仍然不笑。于是，他命人点燃了烽火，摆好了大鼓，打算用这样的方式逗褒姒笑。烽火台是古代专门的军事设施，一旦烽火被点燃，烽烟升起，就代表周王室遇到了危险，各地诸侯就必须立刻带兵前来营救。但是，当诸侯带领军队千里迢迢赶到王城，却不见贼寇的身影，这种情况让诸侯都摸不着头脑。这究竟是怎么一回事？大家就像是热锅上的蚂蚁，在城墙下急得团团转。这时，幽王和褒姒就在城墙上。看到全副武装的诸侯在城墙下不知所措的样子，褒姒觉得很滑稽，终于忍不住哈哈大笑起来。幽王十分开心："王后终于笑了！"

诸侯在搞清楚了状况之后，都有一种被羞辱的感觉：自己带着兵大老远从封地赶来，本以为是天子遇到了什么危险，没想到周幽王只是把他们当作笑料。想到这里，诸侯都垂头丧气，带着军队各自回去了。后来，为了逗褒姒笑，幽王又点燃烽火，让诸侯赶过来。几次之后，诸侯再也不信幽王了，幽王再点烽火，大家也都不去了。后来，被幽王废掉的王后申后再也无法忍受这个昏庸无能的国君，领着废太子宜臼回到了自己父亲申侯那里。申侯知道女儿在幽王那里遭受了不公的待遇，他非常愤怒，发誓一定要为女儿复仇。于是，申侯联合缯国和犬戎一起攻打幽王。来势凶猛的大军很快就到达国都城下，幽王十分害怕，赶紧命人点燃烽火向诸侯求救。但是，因为诸侯都不信任他了，所以都没派救兵来。申侯带着军队一路追杀幽王，一直到骊山脚下，终于把他杀死。申侯又俘虏了褒姒，把周王室的财宝全都拿走。曾经被幽王用烽火戏弄过的诸侯，现在都聚拢到了申侯这里，他们共同拥立幽王原来的太子宜臼为王，这就是周平王。

由于经历过一场激烈的战争，周王朝原先的首都镐京已经残破不堪，再加上西方的敌国犬戎不时侵扰，平王就把国都迁到了东方的洛阳。自此之后，周王室开始逐渐衰弱，各方诸侯的势力越来越强大，周天子慢慢变成了一个没有实权的挂名统治者。决定周王朝命运的权力，也渐渐从周王室转移到了诸侯的手上。实力强大的诸侯，甚至可以通过称霸，成为其他诸侯国的领袖，代替周天子号令天下。其中，第一位称霸的诸侯，就是齐国的齐桓公。

[精彩原文]

褒姒不好笑，幽王欲其笑万方，故不笑。幽王为烽燧大鼓，有寇至则举烽火。诸侯悉至，至而无寇，褒姒乃大笑。幽王说之，为数举烽火。其后不信，诸侯益亦不至。

幽王以虢石父为卿，用事，国人皆怨。石父为人佞巧善谀好利，王用之。又废申后，去太子也。申侯怒，与缯、西夷犬戎攻幽王。幽王举烽火征兵，兵莫至。遂杀幽王骊山下，虏褒姒，尽取周赂而去。于是诸侯乃即申侯而共立故幽王太子宜臼，是为平王，以奉周祀。

——《周本纪》

在烽火戏诸侯的故事里，藏着神龙唾液的匣子是国家祸患的根源，而在古希腊神话中，也有着一个类似的匣子，匣子里藏满了各种灾难、祸害，一旦被打开，就会为人间带来无尽的灾难。这就是著名的"潘多拉魔盒"。

在古希腊神话里，普罗米修斯从天上盗取了火种送给人类，并教会了人类使用火。宙斯非常愤怒，他把普罗米修斯捆锁在悬崖上，让老鹰每天去啄食他的身体，用永无止境的痛苦来折磨他。不仅如此，宙斯还决定用灾难惩罚人类。他命令火神用泥土制作了一个女人，为她取名为"潘多拉"，并让天上众神都送给潘多拉一个优点，使她成为一个完美的女人。宙斯又给了潘多拉一个盒子，里面装满了灾难和祸害。后来，潘多拉嫁给了普罗米修斯的弟弟厄庇米修斯。尽管潘多拉有着许多优点，但她好奇心太重，总是忍不住想知道宙斯给她的盒子里究竟装了些什么。

终于有一天，潘多拉趁丈夫不在家的时候打开了盒子，里面的祸害和灾难跑了出来，开始在人间不断肆虐。从此以后，人类的世界充满了瘟疫、战争……各种各样的苦难布满了大地，人类再也无法回到从前无忧无虑的田园牧歌时代。后来在西方文化里，人们就用"潘多拉魔盒"来比喻让人遭遇不幸的礼物或者产生灾难的根源。

六、齐桓称霸

[导言]

今天，中国的经济正在高速发展，其中，国有经济扮演着非常重要的角色，也发挥着重要的作用：当黑夜来临的时候，电灯为我们照明；当汽车因为没有能源快跑不动的时候，公路边的加油站会为汽车重新补充燃料。电力、石油……这些与我们日常生活息息相关的东西，都属于国有经济所经营的领域。其实，早在两千多年前的春秋时期，就已经出现了国有经济的雏形，第一个采取这种经营形式的人，是来自齐国的管仲。靠着这种方式，管仲让齐国快速发展起来，并成功辅佐当时齐国的君主齐桓公成了春秋时代的第一位霸主。不过，虽然管仲本身非常能干，但他之所以能取得这么大的成就，还要从他的一个好朋友鲍叔牙说起。那么，管仲和鲍叔牙之间都有些什么故事呢？齐桓公又是怎样称霸的呢？接下来就让我们一起来了解一下齐桓公称霸以及管仲和鲍叔牙的故事。

[史记故事]

在春秋时代，有五位强大的诸侯先后带领国家走向霸主地位，被称为"春秋五霸"。他们分别是：齐桓公、宋襄公、晋文公、秦穆公和楚庄王。

其中，齐国的国君齐桓公是第一位称霸的霸主。齐桓公的称霸，有赖于他手下的一位能力超群的大臣，叫作管仲。有趣的是，管仲其实一开始并不是齐桓公的臣子，而是齐桓公敌人的手下，还曾经奉命刺杀齐桓公。那么，原来这么针锋相对的两个人，是怎么走到一起的呢？

早先的齐国，还远远没有桓公即位之后那么强大。桓公的哥哥襄公当齐国国君的时候，做了很多荒唐的事情，也招来了许多人的怨恨。齐桓公最早叫作公子小白。公子小白和他的哥哥公子纠都觉得，国家如今动荡不安，自己如果再留在齐国，迟早会惹来祸患。于是，为了躲避祸患，公子小白就逃到了莒国，公子纠则逃向了鲁国。果然，齐国很快就发生了政变，齐襄公被手下的大臣杀死，国家陷入动乱之中。

关于齐襄公死后究竟谁来继承齐国王位这件事，齐国的大臣分成了两派。高氏、国氏和公子小白的关系好，所以他们想立小白为国君。而鲁国人也想在齐国国君继承人这件事情上凑热闹，于是就派兵护送公子纠回齐国，并且命令管仲带领另一支军队，阻止公子小白先回到齐国。

半路上，管仲带领的军队和公子小白的人马展开了激烈的交战。管仲拿出弓箭，一箭射向公子小白。战场上很混乱，管仲远远看到公子小白倒了下去，以为自己已经把公子小白射死，于是就回去复命了。公子纠听管仲说公子小白已经死了，觉得自己肯定能坐上齐国国君的位置，也就不着急赶路，慢慢向齐国行进。整整六天后，公子纠的队伍终于到了齐国，可让他没想到的是，公子小白已经先他一步回到了齐国，并被立为国君。

原来，管仲当时那一箭根本就没射中公子小白，而只是射中了他的衣带钩。为了骗过公子纠，小白干脆倒下装死，然后乘车快速赶回齐国，抢先成了齐国的新国君。

齐桓公即位之后，派兵攻打鲁国护送公子纠的军队，把鲁军打得节节败退。齐军又切断了鲁军的退路，把他们围困起来。桓公写信给鲁国的国君说："公子纠是我的兄弟，我不忍心亲手杀他，请鲁国代我把他杀死吧！另外，公子纠的手下管仲是我的仇人，我要求鲁国把这个人活着交给我，我要把他剁成肉酱才甘心。否则，齐国就会派兵攻打鲁国。"

鲁国收到信后，非常害怕，只好杀死了公子纠，并把管仲送上了前往齐国的囚车，管仲命悬一线。

齐桓公手下有一个大臣叫作鲍叔牙。管仲和鲍叔牙年轻的时候是交情很好的朋友。那时候，管仲家很贫困，他和鲍叔牙一起做生意，分钱财的时候总会多分一点给自己。但鲍叔牙却没有责怪管仲，因为他知道管仲是因为家里贫穷才会这样做。管仲曾经多次做官，都被国君赶走，但鲍叔牙并不认为他没有才干，只是觉得他没有遇上好的机会。管仲打仗的时候，很多次都逃跑回家，但鲍叔牙不觉得他胆子小，而是知道他家里还有一位老母亲需要赡养。可以说，鲍叔牙相当了解管仲，他知道管仲的才能非同一般。

鲍叔牙还知道，齐桓公有着非常远大的目标，不仅要把齐国治理好，还想要成就霸王之业，成为诸侯中最强大的一位。于是，鲍叔牙向齐桓公进谏："我有幸成为您的臣子，现在您也终于成了齐国的国君。光凭我的能力，已经没有办法再帮助您更进一步了。如果您只是想把齐国治理好，有我就足够了，但如果您想称霸天下，那么非得要管仲这个人辅助您不可！"

齐桓公非常信任鲍叔牙，他被鲍叔牙的一番话深深打动。于是，管仲的囚车一到齐国，齐桓公就派鲍叔牙亲自去迎接。桓公见到管仲后，对这个人还是有点不放心，问道："鲍叔牙向寡人极力推荐你，说只有你才能帮助寡人成就霸业，你倒是说说，怎样才能称霸天下呢？"管仲答道："想要称霸，国家的经济就必须先发展起来。国家有足够的财富，就可以用来供养贫民，奖励贤能之士。这样一来，就能让齐国百姓安居乐业，天下的人才也都会被您招拢。经济繁荣，国力强盛，自然就能称霸天下。"

齐桓公十分欣喜，鲍叔牙果然有知人之明！听完管仲的一席话，他确信管仲就是那个可以辅佐自己成就霸业的人才，只要好好重用他，在不久的将来齐国一定能如他所言，成为诸侯国中的霸主！于是，齐桓公赐给管仲厚礼，任命他为大夫，让他负责处理国家大事。

而管仲也的确没有辜负桓公的期望，在他的治理下，齐国很快就从一个海边小国发展成为天下大国。仅仅用了七年时间，桓公就成了天下的霸主。人们除了佩服管仲过人的政治才干外，同样也佩服鲍叔牙的识人之明，以及齐桓公不计前嫌、宽广大度的胸怀。

[精彩原文]

及雍林人杀无知，议立君，高、国先阴召小白于莒。鲁闻无知死，亦发兵送公子纠，而使管仲别将兵遮莒道，射中小白带钩。小白详死，管仲使人驰报鲁。鲁送纠者行益迟，六日至齐，则小白已入，高傒立之，是为桓公。

——《齐太公世家》

[知识拓展　管仲改革]

在管仲的辅佐下，齐桓公仅仅用了七年时间，就成了诸侯中的霸主。那么，管仲具体都做了些什么事情，能让齐桓公在这么短的时间之内登上霸主的位置呢？下面我们一起来了解一下《史记·管晏列传》中所记载的管仲相齐时的事迹：

齐国是一个位于海边的国家，比起中原的诸侯国，齐国的农业发展还十分落后。但因为齐国靠海，渔业和盐业资源非常丰富。同时，由于靠近海边，齐国想要运输货物，发展商业，也十分方便。管仲正是认识到了这一点，认为国家应该重点发展这些行业，果然这样施行后取得了很大的收益。这样一来，国家能赚到足够的钱，百姓也不用承担过重的赋税。百姓衣食富足，不用再为生存的问题担忧，也就慢慢学会了礼节。

除了充分利用国家所拥有的自然资源进行发展外，管仲还特别慎重地权衡事情的利弊，善于把失败转化为成功。比如有一次桓公由于怨恨夫人蔡姬改嫁，而攻打了蔡国。但管仲却建议桓公继续攻打楚国，理由是楚国没有向周王室进贡祭祀用的菁茅，这使桓公攻打楚国的行为变得名正言顺。还有一次诸侯在柯地会盟，桓公想要背弃曹沫逼迫他签订的盟约，但管仲顺应当时的形势，劝说桓公应该遵守盟约。桓公照着管仲的话去做，诸侯因为齐国信守盟约，纷纷归顺了齐国。

从这些事迹中我们可以知道，管仲确实是一个有着卓越治国才能的人才，他既懂得发展国家经济，开创了国家通过利用自然资源而获得利润的范例，也知道权衡事情的利弊，在关键时刻让国家转危为安。

七、晋文公

[导言]

汉语里有一个常用的成语叫作"大器晚成"。这个成语的意思是，有一些人需要经过长时间的磨炼才能够担当重任，所以这些人取得成就的时间，也会比其他人晚。

设想一下，如果我们遇到了困难，花了很多时间都没办法克服，又会作出怎样的选择呢？是继续坚持，还是中途放弃？历史上就有这么一个人，在他的人生中，有一大半的时间都是在各种坎坷困难中度过的。但是他并没有放弃，而是耐心地坚持了下去。最终，在他年纪很大的时候，克服了重重的困难，当上了晋国的国君，并成了春秋时代继齐桓公之后的第二位霸主，这个人就是晋文公重耳。晋文公的经历，完全可以用"大器晚成"这个成语来形容。那么，他都遇到了什么困难，又获得了哪些人的帮助？他又是怎么当上国君并且成功称霸的？接下来，我们一起来读一读晋文公的故事吧！

[史记故事]

晋献公是晋国的第十九代君王。有一年，晋献公去讨伐骊戎，战争胜利后，得到了一位叫骊姬的美人。晋献公十分宠爱骊姬，想废掉之前立的太子申生，改立他和骊姬生的儿子奚齐当太子。骊姬也借机使用各种手段挑拨献公和其他儿子的关系，并成功地让献公愤而追杀他们。晋国很快就陷入了内乱。

晋献公的一个儿子叫作公子重耳，当时也是被追杀的对象之一。实际上，重耳很早就知道了父亲要追杀自己的消息，于是他带着自己的家臣，先是逃到了晋国国境内的蒲城，后来又辗转流亡到了狄国、齐国、卫国、曹国、宋国、郑国、楚国、秦国这些国家。重耳一共在外漂泊了十九年，才终于在秦国的帮助下，回到晋国继承王位。从一个落难的公子，变成了后来的晋国国君。重耳这一路走来，遭受了许多侮辱和困难，也得到了许多人的支持和帮助，这些事情他都记得清清楚楚。

首先，重耳无法忘记自己这十几年来在其他诸侯国受到的屈辱：在卫国的时候，卫文公对重耳很不礼貌。途经五鹿时，重耳一行人向当地的村民讨饭吃，村民却把泥土放在容器里给他。到了曹国，曹共公十分无礼，他想借机偷看重耳的肋骨长什么样，只因为他听过一个传言，说重耳的肋骨是一整片连起来的。重耳路过郑国，郑文公对重耳这个落难的晋国公子也十分傲慢。这时，郑国的大夫向郑文公提出了一个建议："重耳这个人非常贤明，如果您不能对他以礼相对，就干脆杀了他，以绝后患。"还好郑文公最终没有听从，重耳才捡回了一条命。

而对于那些帮助过自己的人，重耳也铭记于心。尽管他知道这些人在帮他的时候，其实也在打着自己的小算盘。比如楚国的楚成王。重耳刚到楚国的时候，成王就用非常隆重的礼节接待了他。双方会面的时候，成王问重耳："假如您能够回到晋国当上国君，您会用什么来报答我呢？"重耳想了想，回答道："大王王宫里的珍宝数都数不清，我实在不知道该怎么报答您。这样吧，如果将来楚国和晋国在战场上相遇，我愿意退避三舍！"三舍也就是九十里，这在两军交战的情况中，已经是非常大的让步了。可是，楚国的大将子玉听到了这句话，却非常生气："大王您对重耳这么好，他却说了这么无礼的话，请您下令杀了他！"成王制止了子玉，说："公子重耳是个品行高尚的人，怎么能因为他说的一句话就杀了他呢？况且这句话也没什么问题。"就这样，重耳再次化险为夷。同样帮助过重耳的还有秦国的秦穆公。重耳到了秦国之后，秦穆公就把宗族里的五个女子嫁给了他。重耳知道，秦国这么做的目的，是要和晋国结成姻亲关系。这样一来，他就可以借助秦国的力量帮助自己回国。而如果他能顺利即位，凭着这层关系，秦国日后也可以得到不少好处。不久，秦穆公果然派军队护送重耳回到了晋国。经过了十九年的流亡生活，重耳终于成了晋国的国君，也就是晋文公。这一年，他已经是个六十二岁的老人了。

晋文公在位期间勤于治理政务，并且非常懂得任用人才，对百姓也非常仁厚。在他的治理下，晋国越来越强大。最终，在一次被称为"践土之盟"的诸侯大会上，晋文公被其他诸侯国的君主推举为盟主，周天子也派出使者送去礼物表示祝贺。至此，晋国正式成为春秋时代的霸主国家。

晋文公称霸四年后去世，太子欢即位，称为晋襄公。在这之后，晋国和秦国这对曾经的合作伙伴，也因为利益的争斗产生了不少矛盾。晋国和楚国之间的战争，也不可避免地发生了。

[精彩原文]

　　重耳去之楚，楚成王以适诸侯礼待之，重耳谢不敢当。赵衰曰："子亡在外十余年，小国轻子，况大国乎？今楚大国而固遇子，子其毋让，此天开子也。"遂以客礼见之。成王厚遇重耳，重耳甚卑。成王曰："子即反国，何以报寡人？"重耳曰："羽毛齿角玉帛，君王所余，未知所以报。"王曰："虽然，何以报不谷？"重耳曰："即不得已，与君王以兵车会平原广泽，请辟王三舍。"楚将子玉怒曰："王遇晋公子至厚，今重耳言不孙（xùn），请杀之。"成王曰："晋公子贤而困于外久，从者皆国器，此天所置，庸可杀乎？且言何以易之！"

　　　　　　　　　　　　　　　　——《晋世家》

[知识拓展　寒食节的由来]

　　在中国古代的文化习俗中，有一个传统节日的产生和晋文公有密切的关系，这个节日叫作寒食节。寒食节一般在清明节前一天。按照传统习俗，在寒食节这一天人们不能生火做饭，只能吃生冷的食物，所以叫作寒食节。这是为什么呢？

在重耳还在国外流亡的时候，有一位大臣始终追随在他的左右，这个大臣的名字叫作介子推。介子推对重耳忠心耿耿，在最危急的关头也没有离开重耳。甚至有一次，重耳落难到好几天没有吃东西，介子推把自己大腿上的肉割下来煮给重耳吃，帮助他渡过难关。后来，重耳终于返回晋国登上王位成了晋文公，他非常想报答介子推，于是给了介子推很多封赏。可是介子推不求荣华富贵，他推辞掉了晋文公给他的种种封赏，只求晋文公让他归隐深山，侍奉老母亲。晋文公非常舍不得介子推，坚决不同意他归隐深山的请求。于是，介子推带着老母亲不辞而别，悄悄躲到了山上。无论晋文公怎么派人去劝他，介子推就是不肯下山来。晋文公想念介子推心切，命人放火烧山，想用这样的方法把介子推逼下山来。没想到的是，介子推宁死不从，和母亲一起被烧死在山上。

晋文公错杀恩人，铸成大错，内心非常悔恨。但此时自己即便贵为君王，也不可能让介子推死而复生。为了纪念介子推，晋文公下令，在介子推被烧死的那一天，全国都不允许生火做饭，只能吃生冷的干粮。后来，这个习俗就慢慢演变成一个节日，叫作寒食节。

唐代诗人韩翃曾经写过一首著名的《寒食》诗，记录了唐代寒食节的风貌："春城无处不飞花，寒食东风御柳斜。日暮汉宫传蜡烛，轻烟散入五侯家。"宋代文学家苏轼有一部自撰诗歌的书法名作，叫作《黄州寒食帖》，用艺术的手法记录了自己被贬官到黄州所度过的第三个寒食节，其中一首诗是这样写的："自我来黄州，已过三寒食。年年欲惜春，春去不容惜。今年又苦雨，两月秋萧瑟。卧闻海棠花，泥污燕支雪。闇中偷负去，夜半真有力。何殊病少年，病起头已白。"

寒食节在中国有两千多年的历史，是古代中国唯一一个以饮食习俗命名的传统节日。它还有一个别名叫作"一百五"，因为寒食节的时间在冬至之后一百零五天。宋代的苏辙有一首诗写到"昨日一百五，老稚俱食寒"，其中的"一百五"指的就是寒食节。寒食节在古代非常受重视，它是古代中国人开展祭祖活动的重要节日。在寒食节这个日子里，人们会开展钻木取火、扫墓、踏青、植树、插柳、赏花、斗鸡等一系列活动。寒食节的时间和清明节非常接近，后来人们就把寒食节和清明节放在一起过，并且把寒食节的一些习俗合并到了清明节当中。所以我们今天清明节里的很多习俗，其实是源自寒食节。

八、楚国兴起

[导言]

今天，当人们谈起湖北省和湖南省时，经常会想起"荆楚大地"的称呼。如果我们去参观位于湖南长沙岳麓山的岳麓书院，会看到书院门前有一副对联，上面写着"惟楚有材，于斯为盛"。"荆楚大地"和"惟楚有才"的"楚"字，都和春秋时期的一个诸侯国有关，那就是楚国。楚国的疆域主要集中在今天的湖北、湖南、江西、安徽、浙江一带，在它最强盛的时候，甚至把版图扩张到了北方的河南、山东等地。

两千多年前，中国的政治中心在北方。而楚国所管辖的地区，因为离中原太远，可以说是当时最落后最偏远的地方了。但是，这个位置偏远的诸侯国却没有因为地区落后就甘于贫弱，而是努力寻找着让国家发展起来的方法，不放过每一个成为强国的机会。经过了一代又一代国君的努力，楚国终于从一个边缘国家，发展成了一个足以和中原各大强国对垒的南方大国。那么，楚国是怎么兴起的？其中有哪些有趣的故事呢？接下来，我们就一起来了解楚国兴起的故事。

[史记故事]

　　楚国最初建立的时候，是一个被轻视的国家。首先，楚国的位置非常差。不同于靠近中原的晋国和齐国，楚国位于长江以南。那里山地多，平原少，很难发展农业。所以从上古时代开始，楚国所在的地域就是一片蛮荒之地。其次，作为诸侯，楚国的地位也比其他诸侯低。因为楚部落地处偏僻，力量弱小。直到周成王即位之后，才册封楚人首领鬻（yù）熊的曾孙熊绎为子爵，建立楚国。楚国一开始得到的封地，也只有区区五十里。然而，正是这个地处蛮荒、地位低微的楚国，经过不懈的努力，终于也发展成了一个足以和中原强国抗衡的大国。这条强国之路既漫长又艰辛，它的起点可以从楚武王说起。

楚武王这个名号并不是周天子封的，而是武王熊通自己给自己起的。熊通即位的第三十五年，楚国讨伐随国。随国国君觉得很疑惑，对楚军说："我没有罪过，你们凭什么攻打我？"熊通说："如今天下诸侯都在背叛王室，互相侵伐。虽然我们楚国是蛮夷地区，但我们有强大的军队。这次来讨伐随国不为了别的，就是想借着这次机会参与中原地区的政事，让周王室尊奉我的名号。"于是，随国人就替熊通去向周王室请求尊号，可是周王室并没有答应。熊通听说了这件事非常生气，说："我的祖先鬻熊曾经跟随周文王，立下这么大的功劳，而周王室居然不肯加封我的爵位，那我干脆自称尊号好了！"于是熊通自称楚武王，和随人订立盟约之后才撤军。

楚武王死后，他的儿子文王即位。楚文王在位的时候，楚国已经强盛起来，开始不停征伐周边的小国，所以这些小国都很惧怕楚国。

楚文王死后，成王辗转即位。成王十分聪明，他知道楚国要想继续发展，就必须获得周王室的认可。于是，即位的第一年，楚成王就派人向周天子进贡，表示自己愿意继续臣服于天子。而周王室也对楚成王的行为表示认可，向他颁布了这样的旨意："好好镇压你们南方夷越之地的动乱，不要入侵中原。"有了周王室的旨意，楚国就趁机在南方扩大自己的势力范围，通过战争扩张了方圆千里的土地。

楚成王死后，穆王继位。穆王在位的时间虽然不长，但也吞并了几个小国，继续扩大了楚国的版图。

楚穆王死后，庄王继位。庄王登上王位后，一直饮酒作乐，不管政事。他还下令："谁都不准劝谏！敢来劝谏的，通通杀掉！"伍举入宫劝谏，这时庄王正抱着美人，沉醉地看着歌舞。伍举说："大王，我这里有一个谜语，您有兴趣猜一下吗？"庄王一听，觉得很有趣，就让伍举继续说。伍举说："有一只鸟落在土山上，三年来既不飞也不鸣叫，您猜猜，这是什么鸟呢？"庄王听到这话愣了一下，说："这只鸟三年不飞，是因为它一飞就要冲天；三年不鸣叫，是因为它一鸣就要惊人。你下去吧，我知道你的意思了。"

可是，过了几个月，庄王依然整天饮酒作乐，甚至比之前还放纵。大夫苏从入宫劝谏，庄王说："你难道没听到我的诏令吗？"苏从说："如果我舍弃自己的生命，能让大王变得贤明上进，那么我死也愿意！"庄王被苏从的一番话触动了，于是停止享乐，认真处理政事，处死了许多奸臣，也提拔了好几百个贤臣，任用伍举和苏从主管政务。看到国君重新发奋，国家日益强大，楚国的百姓都十分拥戴庄王。

这一年，楚国灭了庸国。三年后，楚国讨伐宋国，获得了五百辆战车。这时的楚国，早已不是当初那个方圆只有五十里的蛮夷小国了，如同神鸟一样一鸣惊人的楚庄王，正雄心勃勃地想要完成祖辈称霸的梦想。

楚国变得日益强大，它并不甘心被局限在南方，北方的大片土地，就像是吊在它眼前的一块块肥肉。楚国时刻虎视眈眈，想要靠着强盛的国力，把国家的版图向北扩张。然而，楚国想要扩大自己的疆土，还需要战胜一个十分强大的敌人，那就是北边的强国晋国。于是，一场旷日持久的南北超级大国之战——晋楚争霸，拉开了帷幕。

[精彩原文]

三十五年，楚伐随。随曰："我无罪。"楚曰："我蛮夷也。今诸侯皆为叛相侵，或相杀。我有敝甲，欲以观中国之政，请王室尊吾号。"随人为之周，请尊楚，王室不听，还报楚。三十七年，楚熊通怒曰："吾先鬻熊，文王之师也，蚤终。成王举我先公，乃以子男田令居楚，蛮夷皆率服，而王不加位，我自尊耳。"乃自立为武王，与随人盟而去。

——《楚世家》

[知识拓展 "问鼎中原"和"止戈为武"]

楚庄王是一位有雄心壮志的君主，只是讨伐一些周边的小国，根本满足不了他。事实上，他想要的还远不只是成为诸侯中的霸主，而是想取代周天子，做天下的主人。

庄王在位的第八年，楚国出兵讨伐西北的游牧民族陆浑戎，军队来到洛邑附近，在郊外阅兵，周定王派使者王孙满前来犒劳楚军。传说，大禹铸造九座宝鼎，九鼎一直从夏传到周，已经是国家权力的象征了。这时，庄王突然向王孙满问起这九座宝鼎的轻重。王孙满当然知道庄王话里是什么意思——既然九鼎是国家权力的象征，它们的轻重也只有天子有权知道。庄王这样问，不就是表明了他想获得天子之位吗？于是，王孙满答道："鼎的轻重又怎么能问呢？由谁来做天子，都是上天决定的。如果天子施行德政，九鼎再轻也不可能被移动；但若是天子无德，哪怕九鼎再重也会被移走！"楚庄王明白了王孙满的意思，知道此时周天子仍然是人心所向，天命所归，于是当天就撤军回国了。

这就是著名的"问鼎"故事。后人用"问鼎"这个词来代表获得最高的权力，或者在某一种竞赛中获得最高的名次。

虽然楚庄王最终没有夺走天子之位，但还是有着很大的野心。就算不能成为天子，他也要做号令天下诸侯的霸主。

这时距离晋文公称霸，已经过去了二十多年。但庄王不会忘记，那位曾经到楚国做客的晋国公子，是如何率领晋国的军队大败楚军，又是如何与诸侯会盟，并最终称霸的。对于楚国来说，晋国无疑是个强大又可敬的对手。而现在，曾经的霸主晋文公早已过世，这个空出来的霸主之位，也该轮到他楚庄王了。

除了"一鸣惊人"和"问鼎中原"之外，古代汉语里还有一个非常精彩的成语也和楚庄王有关，那就是"止戈为武"。

公元前597年，楚庄王领导的楚国在中国历史上著名的大会战——邲（bì）之战中击败晋国，获得霸主地位。在大获全胜之后，楚国的大夫潘党建议楚庄王建造一座纪念物，来纪念这次重大胜利，让后世子孙世代铭记。

但是楚庄王马上否定了这个建议，并说出了一句著名的话："止戈为武。"意思是武力的作用是停止纷争，给百姓带来安宁，所以不要建造战争纪念物来炫耀武功。

从"一鸣惊人"的奋发图强，到"问鼎中原"的勃勃野心，再到"止戈为武"的博大胸襟，我们可以看到楚庄王一生的精神成长轨迹。这样不断完善的精神境界，让楚庄王成为楚国历史上奋发有为的贤明君主，也成为中国历史上光彩耀目的一代雄主。

九、晋楚争霸

[导言]

　　在现代拳击比赛中，双方选手在擂台上比拼过招，直到其中的一方倒下，另一方就获得了胜利，比赛也宣告结束。而在春秋时代，各个诸侯国之间的战争，也跟拳击比赛相似。诸侯各自积蓄力量，相互侵伐。而诸侯中的霸主，就像是拳击比赛中最终获得金腰带的拳王，拥有最高的声望和荣誉。晋国和楚国，就好比是拳击比赛中两位实力最强大的选手，它们都想要争夺这条闪闪发光的"金腰带"，成为天下霸主。

　　然而，就算是在点到即止的拳击比赛中，参赛选手也难免会受伤，更何况是两国之间毫不留情的残酷战争呢？晋楚之间的争霸战争持续了一百多年，两国崛起与相争的历程，可以说已经构成了春秋时期历史的主线。那么，晋楚争霸是从什么时候开始的？在这个过程中，最著名的三场超级大战分别叫作什么？又是怎么进行的呢？接下来，我们一起来读一读晋楚争霸的故事。

[史记故事]

晋国和楚国差不多是在同一时期强盛起来的：晋国经历了好几任国君的经营，在晋文公继位之后，迅速成长为一个足以与齐国抗衡的中原强国；而楚国也不甘落后，同样经过了上百年的向外扩张，几乎占尽了长江淮河流域的大部分土地，正打算向北发展。晋楚都有着各自的支持阵营，为了自保，很多小国只能依附于这两个大国。而围绕着这些小国所发生的争端，恰恰成了晋楚争霸的导火线。

晋文公在位的第四年，楚国攻打宋国，宋国便向晋国求救。因为晋文公先前落难的时候，曾经受过宋国的恩惠，宋国使者认为眼下正是晋国报答的好机会，但晋文公没有直接派兵前往宋国，而是采纳了大臣狐偃的建议，攻打臣服于楚国的曹国和卫国。这样一来，楚国一定会出兵援助，宋国被围攻的危机，也自然可以解除了。果然，楚国收到曹、卫被攻打的消息后，马上赶去支援两国了。

转年，晋国攻打曹、卫两国的时候，楚国再次包围了宋国，宋国又一次向晋国求救。这让晋文公很为难，因为楚宋两国都曾经对自己有恩，要援助宋国，就必须攻打楚国。这时，晋国大臣先轸给文公出了个好主意："您可以先抓住曹伯，把曹、卫两国的土地都分给宋国。这样一来，楚国肯定急于营救曹国、卫国，就会解除对宋国的包围了。"文公听取了先轸的意见，楚国果然从宋国撤军了。

楚国大将子玉非常愤怒，对楚成王说："大王您对晋国太好了，晋国明知曹卫两国和楚国交好，却故意攻打它们，这是看不起您啊！我请求带兵攻打晋国！"楚成王摇了摇头，说："晋文公在外面逃亡了十九年，受了这么多的苦，才终于登上国君之位。说明他是天命之人，谁也不可能阻挡他的。"然而，子玉依然请求带兵出征，成王很生气，只肯给他很少的军队。

晋国这边，文公依然采纳了先轸的建议，私下约见曹、卫两国的国君，答应恢复他们国君的地位，于是曹、卫两国都跟楚国断交了。很快，晋国和楚国就在战场上相见了。这就是春秋历史上著名的"城濮之战"。

战争还没开始，晋文公就先命令部队退后九十里，兑现了当初流亡时对楚成王许下的诺言。虽然晋军对楚军"退避三舍"，但这场仗还是打了起来。晋国和宋国、齐国、秦国三国的联军在城濮这个地方驻扎，第二天联军和楚军交战，因为双方军队的兵力相差实在太大，楚军很快就败下阵来。楚王对子玉不听自己话这件事感到十分愤怒。回到楚国之后，子玉就自杀谢罪了。在城濮之战后，晋国在中原地区的势力更加强大，原本归顺于楚国的陈国和郑国，现在也都倒向晋国这边了。而楚国在吃了这次败仗之后，并不甘心就此放弃进击北方，所以它一边往其他方向扩张地盘，一边和秦国交好，想要利用秦国的力量制约晋国。

之后的几十年间，楚国一直在积蓄力量，等待时机。终于，在楚庄王的带领下，楚国找到了向晋国复仇的机会。在楚庄王即位的第十七年，他带兵攻打归顺于晋国的郑国。郑国国君无力反抗，只能苦苦哀求庄王手下留情。最终，庄王答应与郑国讲和。几个月后，前来援救郑国的晋国军队赶到，在黄河之畔的邲这个地方，和楚军打了一仗，在历史上称为"邲之战"。结果晋军被楚军打得落花流水，庄王取得了邲之战的胜利，洗刷了楚国在城濮之战中大败的耻辱。

邲之战大败后，晋国意识到光凭晋国本身的力量，很难在与楚国的正面对抗中取得优势。于是，在邲之战之后的几十年里，晋国不断扶持在楚国东边的吴国，让强大起来的吴国与楚国相互牵制。这样一来，楚国同时面对来自晋国和吴国的威胁，逐渐居于下风。这时，原本依附于晋国的郑国，居然背弃了盟约，重新回到了楚国的阵营。晋君非常生气，亲自率领军队去讨伐郑国。楚国收到了郑国被围攻的消息，也派兵前往郑国援救。晋国和楚国的军队又一次在战场上相遇，双方交战的时候，晋军一箭射中了楚共王的眼睛。楚军因此惊慌失措，纷纷四散，最终在鄢陵这个地方被晋军打败了。此战史称"鄢陵之战"。这一回合的较量，以晋国的胜利告终。

晋楚之间的争霸持续了一百多年，几乎贯穿了春秋中后期的历史。双方在这长达一百多年的交手过程中，可以说是互有得失。然而晋国和楚国在这场长久的争霸较量之中，都付出了巨大的代价：晋国在鄢陵之战不久之后就陷入内乱，不可挽回地走向衰落。同时，由于东方吴国的日益强大，楚国疲于应付，也无法腾出手来再和晋国争夺霸主之位了。

而随着晋、楚这两个大国的衰落，其他的诸侯国趁机崛起，在这些后来崛起的诸侯国之中，秦国可以说是最具代表性的一个。

[精彩原文]

六年春，郑倍晋与楚盟，晋怒。栾（luán）书曰："不可以当吾世而失诸侯。"乃发兵。厉公自将（jiàng），五月度河。闻楚兵来救，范文子请公欲还。郤（xì）至曰："发兵诛逆，见强辟（bì）之，无以令诸侯。"遂与战。癸巳，射中楚共王目，楚兵败于鄢（yān）陵。子反收余兵，拊循欲复战，晋患之。共王召子反，其侍者竖阳穀（gǔ）进酒，子反醉，不能见。王怒，让子反，子反死。王遂引兵归。晋由此威诸侯，欲以令天下求霸。

——《晋世家》

[知识拓展　弭兵运动]

当我们翻阅春秋时期的历史时，常会发现在那个时候，一个又一个的大国强势崛起，他们通过战争和会盟的方式，最终称霸天下。除此之外，在春秋时期的历史舞台上，一些弱小的国家也留下了自己的身影。其中，两次倡导"弭兵运动"的宋国，就是一个很好的例子：

大国之间旷日持久的争霸战争，不仅会损耗大国本身的国力，那些依附于大国的小国，同样也会因此遭受巨大的损失。从齐桓公称霸开始，一直到晋、楚两国在宋国会盟为止，在这一百多年里，大国之间为了称霸战争不断，处于大国夹缝之中的小国饱受战乱之害。位于晋、楚、吴、齐这四个强国之间的郑国和宋国，更是损失惨重。于是，宋国大夫华元首先发起了以维持天下和平为目的的"弭兵运动"，要求晋、楚两国签订盟约，不再杀伐。然而，仅仅过了三年，楚国就背弃了盟约。三十多年后，宋国大夫向戍再次发起"弭兵运动"，邀请了晋、楚、秦、齐等十多个诸侯国参加会盟，此后四十多年内，晋、楚两国再也没有发动战争，天下有了难得的和平时期。

在世界历史上，类似的"弭兵运动"还有很多。在18世纪到20世纪前半叶的欧洲也曾经出现过多国大混战的局面，由于战争带来的后果过于惨烈，所以在多次大战之后，欧洲各国都试图以和平条约的形式来换取暂时的和平。比如说，在19世纪初，法国战败之后，反法联盟国家和法国签订了《维也纳会议最后议定书》，形成了历史上著名的"维也纳体系"，短暂地实现了欧洲各国实力的平衡。

不过，这种平衡很容易被打破，就像春秋时期的"弭兵运动"一样，"维也纳体系"建立之后没多久，欧洲很快又回到了矛盾不断、战争不断的局面之中，并且最终在20世纪初引爆了波及全世界的第一次世界大战。可见和平来之不易，值得我们好好珍惜。

十、秦穆公

[导言]

　　当现在的人们提起古代秦国的时候，往往会联想到历史悠久的三秦大地陕西，气势雄伟的秦始皇陵兵马俑，绵延万里的秦长城，以及李白著名的诗句："秦王扫六合，虎视何雄哉！"在我们的印象里，秦国似乎一直以来就是非常强盛勇武的国家。然而，当我们回顾历史，我们就会知道，秦国和楚国一样，封地都在较为偏远的地区。从一开始，秦国就是一个被周王室和中原诸侯轻视的国家，他们认为秦国人就是一群不懂礼节的野蛮人，根本没把秦国放在眼里。然而，正是这个饱受轻视的国家，经过数代君主的努力经营，终于爆发出了威震天下的力量，并最终一统六国，成了春秋战国历史上最大的赢家。秦国的强国之路充满了坎坷，在取得最终的成功之前，秦国也经历了无数次的失败。其中，发生在秦穆公时代的崤（xiáo）之战，可以说是代价最为惨重的一次。但秦国却没有被这次失败所打倒，而是认真反思，吸取教训，积蓄力量，静心等待下一次崛起。那么，是什么原因导致了秦国在崤之战中的失败？失败之后，秦穆公又是怎样带领秦国重新振作起来，扭转败局的？下面，我们一起来读一读秦穆公和秦晋崤之战的故事。

[史记故事]

　　秦穆公即位时，经过前任数代君主的经营积累，原本只是西边小国的秦国，已开始具备一定的实力了。秦穆公也没有浪费祖先辛苦打下的基业，在他的带领下，秦国辟地千里，称霸西戎，成了一方霸主。连传统强国晋国，也不得不对身边这个后起之秀多加重视。

　　秦穆公非常重视人才。有一次，晋国灭了虞国，俘虏了虞国国君和大夫百里奚。后来，百里奚在逃难过程中成了楚国的奴隶。秦穆公听说百里奚是个贤才，想用重金赎买他，又怕楚国不放人。终于，他想到了一个好方法。他假意派人告诉楚王，百里奚是秦国逃亡的罪犯，想要用五张黑羊皮把百里奚赎回去。楚王答应了，交出了百里奚。得到百里奚后，秦穆公十分器重他，把国家大事都交给他处理。但百里奚却十分谦虚，他向秦穆公介绍说，自己的朋友蹇（jiǎn）叔更有才能。于是秦穆公就用厚礼迎请蹇叔，让他做了秦国的大夫。得到了百里奚和蹇叔的辅佐，秦穆公如虎添翼，秦国也越来越快地发展壮大。

然而，英明的秦穆公也曾经因为一时的贪功冒进而犯下大错，让秦国付出了惨重的代价，那就是著名的秦晋崤之战。

作为一个地处西边的诸侯国，秦国一直在渴求向东发展、进军中原的机会。然而，秦国的东方有一个强大的对手——晋国。当时晋文公去世不久，依靠着晋文公生前打下的基业，晋国正是最强大的时候。要是真正打起仗来，秦国根本没办法和晋国抗衡。可秦穆公却被国内蒸蒸日上的发展形势冲昏了头脑，做了一个十分武断的决定，并最终为这个决定付出了惨重的代价。

这一年，霸主晋文公去世，晋国的邻国郑国国君也恰好去世了。这时，郑国北门的守门人杞子派人给秦穆公报信说："我守卫着郑国的城门，如果秦国来偷袭郑国，我可以为您开门。"秦穆公听到这个消息，心里很高兴，觉得这是个难得的好机会。于是，他就向百里奚和蹇叔咨询关于攻打郑国的意见。可让秦穆公没想到的是，自己的两个重臣却一起给他泼了一盆冷水。百里奚和蹇叔认为，想要偷袭，行军的速度就必须要快。但秦国和郑国相隔千里，秦国想要攻打郑国，途中要经过好几个国家，耗费很长时间，这样作战很难成功。况且，既然有人出卖郑国，又怎么知道没有人把秦国的情况透露给郑国呢？一旦消息走漏，那就必输无疑了，所以不能攻打郑国。

但急躁的秦穆公一意孤行，匆匆任命百里奚之子孟明视，和蹇叔之子西乞术、白乙丙为大将，率军攻打郑国。百里奚和蹇叔早就预料到秦国这次战争肯定会惨败，于是在军队出发那天，百里奚和蹇叔两人对着军队，放声大哭。秦穆公知道了，十分生气地说："我派兵远征，你们却对着军队大哭，这是为什么？"百里奚和蹇叔回答道："我们不敢阻拦军队出发，但我俩的儿子都在军队中，如今我们年纪也大了，恐怕这次军队一走，我们就再也看不到自己的儿子了！"接着，两位老人又对自己的儿子说："如果这次你们的军队吃了败仗，那一定是在崤山的险要处！"

秦军在朝着郑国行军途中，果然走漏了风声。秦国的三位将军一起商量说："我们打算去袭击郑国，但郑国现在已经知道了，看来我们就算去也袭击不成了。"但他们又怕无功而返受到秦穆公的责怪，于是顺道把滑国灭掉就回去了。滑是晋国边境上的一个小诸侯国，属于晋国的势力范围。晋襄公听说了滑国被秦国灭掉的消息，愤怒地说："我父亲刚刚去世，秦国就来欺负晋国！"于是，晋襄公就把孝服由白染黑，亲自带兵在崤山这个地方设下埋伏，阻击秦军，把秦军打得大败，一个人都没有逃脱。百里奚和蹇叔的预言，最终得到了验证。战争结束后，晋军俘虏了秦军的三位将军回到都城。

晋襄公的母亲是秦穆公的女儿，她对晋襄公说："这三个人带领秦国的军队打了败仗，我父亲对这三个人肯定恨之入骨，希望你能放他们回国，让我父亲亲自烹杀他们。"晋襄公答应了，放了三位秦将回国。

当三人抵达秦国的时候，秦穆公穿着白色的丧服到郊外迎接他们，哭着向三人说："都是因为我没有听百里奚和蹇叔的意见，才会让你们三位遭受这样的屈辱。你们又有什么罪过呢？你们一定要拿出全部的心力去洗刷这个耻辱，千万不要松懈啊！"于是，秦穆公恢复了三人的官职，并且更加厚待他们了。

几年之后，秦穆公派孟明视等人再次率领秦军攻打晋国。秦军刚渡过黄河，就把船只全部焚毁，以这样的行动表达了自己殊死战斗的决心。这一次，秦国把晋国打得大败，夺取了晋国的王宫和土地，终于报了崤之战的仇。自此之后，秦国势力越发强大。秦国派兵攻打西边的蛮族，开辟了千里疆土，终于在西戎地区称霸，成了西方的霸主。

[精彩原文]

郑人有卖郑于秦曰："我主其城门，郑可袭也。"穆公问蹇叔、百里傒(xī)，对曰："径数国千里而袭人，希有得利者。且人卖郑，庸知我国人不有以我情告郑者乎？不可。"穆公曰："子不知也，吾已决矣。"遂发兵，使百里傒子孟明视，蹇叔子西乞术及白乙丙将兵。行日，百里傒、蹇叔二人哭之。穆公闻，怒曰："孤发兵而子沮哭吾军，何也？"二老曰："臣非敢沮君军。军行，臣子与往；臣老，迟还恐不相见，故哭耳。"二老退，谓其子曰："汝军即败，必于殽(xiáo)厄矣。"三十三年春，秦兵遂东，更(jīng)晋地，过周北门。周王孙满曰："秦师无礼，不败何待！"兵至滑，郑贩卖贾人弦高，持十二牛将卖之周，见秦兵，恐死虏，因献其牛，曰："闻大国将诛郑，郑君谨修守御备，使臣以牛十二劳军士。"秦三将军相谓曰："将袭郑，郑今已觉之，往无及已。"灭滑。滑，晋之边邑也。

——《秦本纪》

[**知识拓展　秦晋之好**]

　　秦国和晋国除了是竞争对手，在有些时候，还是亲密合作的盟友。而决定两国关系的最重要因素，就是国家的利益。从晋献公和秦穆公的时代起，秦国和晋国就曾经多次联姻，以此来巩固两国之间的关系，更好地扩张各自的势力。当时，秦穆公为了拉近秦国与中原地区的关系，向晋国提出求婚，晋献公就把自己的大女儿嫁给了他，这就是秦晋联姻的开端。但由于两国之间只是出于国家利益的政治联姻，因此当秦晋两国的利益发生冲突时，两国关系也会随之出现裂痕：由于晋国攻打秦国失败，晋国的公子圉（yǔ）去秦国做了人质。秦穆公为了拉拢他，就把女儿怀嬴嫁给了他。然而，过了一段时间后，公子圉听说自己的父亲病了，外公家又因秦国灭亡，怕自己无法继承国君的位置，就逃回晋国去了。秦穆公知道公子圉背叛自己，就立即把逃亡在楚国的公子重耳接到秦国，并把怀嬴改嫁给重耳。第二年，公子圉成了晋国国君，马上就断绝了和秦国的往来。正因为春秋时秦晋两国曾经多次联姻，所以后来人们就用"秦晋之好"来形容这种出于政治需要而开展的联姻。除此之外，这个词也泛指两家之间的联姻。

十一、吴越争霸

[导言]

在漫漫的历史长河里，中国的地域版图经历了多次变化。其中，江浙地区是中国地域版图内最为稳定的一部分。自国家诞生伊始，江浙地区就与中原地区紧密相连。她是这个古老国家的娇美的女儿，紧紧地依偎在母亲的怀中。

经历了几千年的发展，今天的江浙地区已经成为中国最为富庶、繁华的地区之一。在那里，我们可以见到鳞次栉比的高楼大厦，也可以见到令人心醉沉迷的温柔水乡。但是，最初的江浙地区远离国家的政治经济中心，当地的人口十分稀少，因而缺少开发，是一个十分荒凉的地方。《史记》记载，当地居住着许多披头散发，身上刺满了花纹的"野蛮人"，这些"野蛮人"聚居在一起形成部落，甚至没有经历过文明的开化。

江浙地区曾发生过无数惊心动魄的历史故事。两千五百多年前的春秋战国之交，吴国与越国曾经在此争夺霸权，因而江浙地区又有"吴越大地"的历史别称。两个国家相互碰撞、拼斗，在这片曾经蛮荒的土地上开辟出了无限的生机。接下来，就让我们来了解一下"吴越争霸"这段风云激荡的历史。

[史记故事]

　　吴国立国很早，它的开创者名为姬泰，史称"吴太伯"。姬泰的父亲是周部落首领古公亶（dǎn）父，古公亶父把部落首领的位子传给了姬泰的弟弟，姬泰因此迁居到了江浙一带。当地部落的人们都认为姬泰很有节义，于是纷纷追随他，姬泰就在这里建立起了吴国。越国的君主则是夏朝部落的后裔，自建国以来，越国一直是一个默默无闻的国家，经历了一千多年的发展，它才慢慢变得强大起来。吴国与越国同处在今天的江浙地区，相互毗邻。越国的君主传到允常时，两个国家发生了矛盾，从此开始了相互征伐。

　　公元前497年，越王允常去世，吴王阖闾率军攻打越国。越国新晋的君主名为勾践（也作"句践"），面对吴国的进攻，越王勾践命令越国的敢死之士在战阵之前自杀。这一做法分散了吴国军队的注意力，越国趁机发动猛攻，在檇李（zuì lǐ）（今浙江嘉兴）打败了吴国。吴王阖闾在战场上中箭，最终负伤身死。阖闾死后，吴国的君主由他的儿子夫差继位。

过了两年，越国兴兵讨伐吴国，两个国家在夫椒（今江苏太湖）会战，结果越军大败。吴国乘胜追击，占领了越国的国都会稽（今浙江绍兴），将越王勾践围在了会稽山上。于是，越王勾践向吴国投降。吴国有一位谋臣，名叫伍子胥，他向吴王建议彻底消灭越国。然而，吴王夫差并没有听从伍子胥的建议。吴国与越国最终停战，两国签订和平盟约，吴国撤军，而越王勾践也被赦免回国。

越王勾践回国之后，心中常怀复仇之志。他将一颗苦胆挂在房间，经常用舌头去舔苦胆，一边舔苦胆一边大声问自己："你难道忘记会稽之战的耻辱了吗？"此外，勾践放弃了自己优渥的生活，从不吃荤菜，也不穿华丽的衣服，耕作之时与百姓同劳。他还礼贤下士，对有才能的人予以重用，其间提拔了文种、范蠡两位重要的谋臣。

经过了十年的整顿，越国的国力大大恢复。而在这十年期间，吴国的军队积极向北推进，争夺中原的霸权。公元前482年，吴国的军队倾国而出，在黄池（今河南封丘附近）与晋国争夺盟主的位置。吴国国内仅剩些许老弱残兵，越王勾践此时毅然决定攻击吴国。越国的军队兵分两路，一路直捣吴国的国都，一路堵截吴国回援的军队。

在国都被占领的情况下，吴王夫差向越国投降。越王勾践没有十足的把握一举灭掉吴国，于是与夫差签订了和约。

过了几年，吴国国内发生了灾荒，越国再次出军攻打吴国，两国隔江对峙，在越国的猛攻之下，吴国败下阵来，此次战役史称"笠泽之战"。这次战役让吴国的国力大大衰弱，越国则愈发强盛起来。之后几年里，越国不断攻打吴国，吴王夫差八次派遣使者，请求停战，但都被勾践拒绝。在公元前475年，吴国被彻底打败，自此以后，越国的船只在长江、淮河畅行无阻，越王勾践号称霸王，其他国家的诸侯们纷纷前来庆贺。就这样，越王勾践成了春秋时期最后一任霸主。

[精彩原文]

吴既赦越，越王句践反国，乃苦身焦思，置胆于坐，坐卧即仰胆，饮食亦尝胆也。曰："女忘会稽之耻邪？"身自耕作，夫人自织，食不加肉，衣不重采，折节下贤人，厚遇宾客，振贫吊死，与百姓同其劳……

吴王北会诸侯于黄池，吴国精兵从王，惟独老弱与太子留守。句践复问范蠡，蠡曰"可矣"。乃发习流二千人，教士四万人，君子六千人，诸御千人，伐吴。吴师败，遂杀吴太子。吴告急于王，王方会诸侯于黄池，惧天下闻之，乃秘之。吴王已盟黄池，乃使人厚礼以请成越。越自度亦未能灭吴，乃与吴平。

——《越王句践世家》

[知识拓展　伯罗奔尼撒战争]

公元前5世纪，欧洲的古希腊有两个同盟阵营，一个是以雅典城邦为首的提洛同盟，另一个是以斯巴达城邦为首的伯罗奔尼撒同盟。提洛同盟发展日渐强大，而雅典作为同盟的领袖也变得日渐蛮横。这引发了斯巴达的恐惧与猜忌，于是，伯罗奔尼撒同盟慢慢地变成了提洛同盟的对抗者。公元前431年，提洛同盟与伯罗奔尼撒同盟之间爆发了激烈的战争，并波及整个古希腊世界，最终在公元前404年，以雅典战败而告终。

这场持续了将近三十年的战争，史称"伯罗奔尼撒战争"，它是古希腊文明由盛转衰的标志。一个名为修昔底德的希腊人记录下了这场战争，将其写成一本书，叫作《伯罗奔尼撒战争史》。这部书在西方传统历史学中的地位非常高，比较接近《史记》在中国传统历史学中的地位，它们都是对后世历史写作产生重要影响的典范之作。因此，修昔底德被誉为西方的"历史学之父"。

十二、孔子与孔门弟子

　　在中国思想史上，春秋时期的孔子具有至高无上的地位。在中国古代，孔子被奉为"至圣先师"；在当代，联合国教科文组织更是将孔子列为"世界十大文化名人"。

　　在我们的一般印象中，孔子总是身穿长袍，拱手而立。他的神情或是和蔼可亲、平易近人，或是肃穆沉静、若有所思。稍加想象，我们似乎很快就能将两千多年前的孔子形象还原出来：他坐在众多弟子面前，和颜悦色、正襟危坐，眉目间闪烁着知识与真理的光芒，对每个人都加以谆谆教诲。而孔子的弟子们则坐在台下认真听讲，将老师的话逐字逐句地记在心中，进行着静默的哲思。

但是，历史上孔子与孔门弟子却有着更加真实，也更不为人所知的一面。孔子和他的学生们是非常活泼生动的一群人，同时也是怀抱着伟大政治理想的一群人，他们将自身所学贯彻到一言一行当中，把思想铸成利剑，向整个时代发起挑战。

[史记故事]

孔子姓孔名丘，出生在鲁国，世人在他的姓之后加上了一个"子"字作为对他的尊称。刚生下来的时候，孔子的头顶中间有凹陷，两侧就像小山丘一样，所以他就被母亲取名为"丘"。

孔子生活在春秋中晚期（公元前约5、6世纪），那是一个"礼崩乐坏"的时代。"礼崩乐坏"的大致意思是：原有的社会秩序被破坏，社会的各方面都处于一种十分混乱的状态。当时有很多臣子犯上作乱，欺辱自己的君主，有些甚至实力强大到将原主取代，自立为王。孔子认为这是一件很糟糕的事情，因此，他毕生的理想就是恢复周朝的礼乐制度，重建被破坏的社会秩序。

还在孩童时代，孔子常常会陈列各种礼器，装扮自己的仪容，练习礼仪动作。孔子从小家境贫寒，社会地位也不高，因此在成年之后只在鲁国国内做一个小小的官吏。

从小到大，孔子一直勤学不辍。老子在周王室任守藏室史，就是管理藏书的官员。为了更好地学习周朝的礼乐制度，孔子曾经专门前去请教老子。等到三十多岁的时候，孔子已有了些许名气。鲁国的贵族甚至亲自拜访孔子，向他讨教学问。

五十多岁的时候，孔子被提拔为鲁国的大司寇，这是一个很高的官职，孔子也被赋予了很大的权力，那是孔子距离自己理想最近的时候。但好景不长，有人用离间计挑拨孔子与鲁国国君的关系，孔子因此失去了信任，被迫离开了鲁国。

这是孔子在政治生涯中最重大的一次挫败，自那以后孔子决定用教育的方式来实现自己的理想。于是，孔子就带着自己的学生们周游列国，传播自己的学说。据说孔子一生教授了三千多个学生，其中有七十二位非常杰出，被称为"孔门七十二贤"。

孔子最喜欢的学生是颜回。颜回十三岁起就跟着孔子学习，他家境贫穷，常常食不果腹，居住在简陋的屋子里。然而，颜回对财富等身外之物完全不感兴趣，他有着富足的心灵。他敏事慎言，孔子在他身上见到了最理想的人格，因此对他十分疼爱。颜回去世时年仅四十岁，孔子对着苍天哀叹，痛苦不已。

子夏则是孔子的学生中最博学的一个。他整理了孔子的诸多学说，并将其传播出去，我们今天仍能见到两千多年前的《周易》《诗经》，这也有子夏的功劳。子夏的知识水平很高，后来成了魏国的帝王之师。

在孔子的学生当中，学习最刻苦的人是曾参（shēn）。曾参并不属于特别聪明的学生，甚至有点笨笨的，但是他坚持刻苦学习，最终用后天的勤奋弥补了先天的不足。孔子把孝道思想传给了曾参，后来曾参根据老师的讲授编著了著名的儒家经典《孝经》。

子贡则是孔子学生里最为富有的一个，他是一个大商人，生意头脑特别发达。据说他的商业判断非常准确，做生意每一次都料事如神，因此赚了非常多的钱，可以说是富可敌国。除此之外，子贡善于雄辩，才干出众，还是一位杰出的外交家和政治家。子贡对孔子非常尊重，一直恭恭敬敬跟随老师学习，学术水平也相当高超。

还有一个十分有个性的学生叫作子路，子路的年龄和孔子比较接近，他性格暴烈，孔武有力。但是，从孔子那里学来的东西，子路都将其一一贯彻。子路最终死在叛逆之徒的乱刀之下，在临死前，他对杀他的敌人说道："君子就算是赴死，衣冠也不可以凌乱。"子路最终在整理好自己的帽带后，从容赴死。

孔子用了十四年的时间周游列国，向各个君主讲述自己的学说，但最终没能实现自己的理想。除了教授学生之外，孔子还整理《诗经》《周易》等前代典籍，为中国文化的传承作出了不朽的贡献。在六十八岁那一年，孔子回到鲁国，仍不被重用。五年之后，孔子梦见自己坐在殿堂前的两个楹柱之间，他知道自己大限将至，于是对子贡感叹道："泰山将要崩塌，屋梁将要断裂，哲人将同草木一样枯朽。"说罢，孔子卧病七日而死。

[精彩原文]

古者《诗》三千余篇，及至孔子，去其重，取可施于礼义，上采契后稷，中述殷周之盛，至幽厉之缺，始于衽席，故曰"《关雎》之乱以为《风》始，《鹿鸣》为《小雅》始，《文王》为《大雅》始，《清庙》为《颂》始"。三百五篇孔子皆弦歌之，以求合《韶》《武》《雅》《颂》之音。礼乐自此可得而述，以备王道，成六艺。

孔子晚而喜《易》，序《彖》《系》《象》《说卦》《文言》。

读《易》，韦编三绝。曰："假我数年，若是，我于《易》则彬彬矣。"

孔子以《诗》《书》《礼》《乐》教，弟子盖三千焉，身通六艺者七十有二人。

——《孔子世家》

[知识拓展　古希腊三贤]

在世界的另一端，古希腊著名哲学家苏格拉底与孔子生活在相近的历史时代，都生活在公元前5世纪左右。苏格拉底是一个十分善辩的人，他最喜欢与人对话，并在对话之中辩驳对方的观点。当时几乎没有人能说得赢苏格拉底，因此他在希腊的青年中享有极高的声望。在后来，苏格拉底得罪了雅典的贵族，以煽动青年、亵渎神灵的罪名，苏格拉底被判处死刑。为了坚持内心的真理，苏格拉底拒绝救援，最终喝下毒酒，从容赴死。

和孔子一样，苏格拉底有着许多的弟子，其中最为著名的弟子就是柏拉图。柏拉图在雅典附近购置了一块土地，办起了自己的学院，他经常在学院中与众弟子讲学。柏拉图的学院在一个名为阿卡德穆斯（Academus）的英雄的墓旁，因此柏拉图学院又被称为"阿卡德米学院"，英文单词"academy"（学院）正是由此而来。柏拉图还写下了许多著作，如《理想国》《对话录》等。

柏拉图最得意的弟子当属亚里士多德。亚里士多德是一位百科全书式的哲学家，他几乎对所有科学领域都做出了杰出的贡献。传说，亚里士多德是亚历山大大帝的老师。在亚历山大建立亚历山大帝国之后，他继承了亚里士多德的学识，将希腊文明散播到了整个欧洲。

20世纪德国哲学家雅斯贝尔斯曾经在《历史的起源与目标》一书中提出过一个著名的理论，叫作"轴心时代"。"轴心时代"是指在公元前5世纪前后，散落在世界各地的各大古典文明似乎在同一时间不约而同地向前迈进了一大步，其中重要的表现，就是各大文明都产生了深刻影响文明进程的杰出思想家。比如，中国产生了孔子，西方产生了柏拉图。

实际上，无论是中国还是西方，推进人类思想进程的绝不仅仅是某一位具体的思想家，他们所引领的学术团体在其中也发挥了重要的作用。孔门弟子所代表的儒家学派，古希腊三贤所代表的哲学家群体，都为时代的进步做出了不朽的贡献。

十三、三桓之乱

[导言]

上一章里，我们讲述了孔子的生平经历以及他一生的理想。在孔子的一生中，周游列国是其最为重要的经历。为了改变"礼崩乐坏"的现象，孔子周游各个国家，向君主们讲述自己的学说主张，力图恢复被破坏的社会秩序。

孔子周游列国，并不像今天人们为了玩乐而外出旅游。在当时，孔子是被迫离开鲁国的，无家可归的他只能选择到别的国家去宣扬自己的学说。那时候的鲁国统治秩序混乱，国政把控在三支贵族的手上，君主的权力被架空，这是历史上著名的"三桓之乱"。身为鲁国的大司寇，孔子站出来与把持国政的三支贵族对抗，但最后以失败告终，不得已带着自己的弟子们离开了鲁国。"三桓之乱"就是"礼崩乐坏"时代的具体表现，它在孔子的眼中是一种混乱、无序的社会状态。接下来让我们一起来了解，那段权谋如刀光剑影相接的历史。

[史记故事]

　　鲁桓公是鲁国的第十五代君主，他有四个儿子，其中的嫡长子继位成为鲁国的国君，是为鲁庄公。鲁桓公的另外三个儿子，也就是鲁庄公的三个兄弟，分别是庆父、叔牙、季友。这没有成为国君的三兄弟，在鲁国被封官为卿，他们的后代就慢慢形成了三支大家族。由于这三支家族都是鲁桓公的后代，所以被称为"三桓"。

　　鲁庄公还在世的时候，兄弟几人还算和睦，没有发生很大的冲突。到了公元前662年，鲁庄公去世，他的儿子在公元前661年继位为君主，称为鲁闵公。庆父是鲁庄公的庶兄，他觊觎国君的位子，于是就派人杀死了自己的侄子，打算自立为鲁国的国君。鲁闵公在位仅仅两年，就死于家族内部的斗乱之中。季友知道这件事之后，马上将鲁庄公的另外一个儿子接回鲁国，把他立为国君，是为鲁僖公。庆父看见自立为君的计划失败，便仓皇地逃出了鲁国。季友以重金悬赏，最终把庆父抓回了鲁国，庆父也最终自杀。鲁僖公继位之后，季友尽心辅佐，为鲁国立下汗马功劳，成为鲁国的国相。

在庆父之乱被平定后，鲁国国内变得相对和平。季友念在兄弟的情分上，将庆父的后代立为"孟孙氏"，叔牙的后代则为"叔孙氏"，自己的后代则为"季孙氏"，三人的后代就形成了三支大家族。鲁国就在国君与这三支家族的共同努力之下慢慢变得强盛起来。三支家族中，季孙氏对鲁国的功劳最大，同时也是最强盛的家族。正因如此，鲁国最核心的权力被把控在季孙氏的手上。季武子执掌国政的时候，将鲁国的军队分为三部，分别由三支家族掌管。当时的鲁国国君，已经没有多少实际的权力。到后来，季武子甚至按照自己的意思来选择鲁国的国君。公子裯是鲁襄公的儿子，在父亲去世的时候，他脸上甚至没有哀伤的表情。季武子要选取公子裯作为新晋的国君，即使有许多人的反对，公子裯还是在公元前541年继位为鲁昭公。

鲁昭公在位期间，孔子就开始在鲁国做官了。到后来，季孙氏中有一个叫阳虎的家臣专断鲁国的国政。孔子对这样的情况深恶痛绝，于是他辞官退隐，在家中修著书籍。后来，阳虎被追杀，鲁国迎来了新的国君鲁定公。

鲁定公将孔子擢拔为鲁国的大司寇，孔子此时在鲁国暂时拥有了很大的权力。一直不喜"三桓"的孔子做出了一个重大的决定，他要将"三桓"所居的都邑拆毁，这次行动史称"隳（huī）三都"。但"隳三都"的行动最终没能成功。孔子在与"三桓"的斗争之中败下阵来。不得已被季孙氏驱赶出鲁国，从此开始了周游列国的旅程。

之后，鲁穆公继位。这位不满"三桓"专政的国君厉行变法，从经济根基上削弱了"三桓"的实力。自那以后，"三桓"对鲁国的控制越来越弱，逐渐脱离了权力的中心。

季孙氏之后从鲁国中独立出来，建立起了费国。而孟孙氏与叔孙氏，则各自占据了鲁国两个城邑，断绝与国君的来往。后来，齐国攻打鲁国，孟孙氏与叔孙氏所占的城邑被齐国攻克，两个家族灭亡。季孙氏的费国则成为鲁国东南边的屏障，两国相互依靠，联手对抗虎视眈眈的齐国。

[精彩原文]

十八年二月，文公卒。文公有二妃：长妃齐女为哀姜，生子恶及视；次妃敬嬴，嬖爱，生子俀（tuǐ）。俀私事襄仲，襄仲欲立之，叔仲曰不可。襄仲请齐惠公，惠公新立，欲亲鲁，许之。冬十月，襄仲杀子恶及视而立俀，是为宣公。哀姜归齐，哭而过市，曰："天乎！襄仲为不道，杀适立庶！"市人皆哭，鲁人谓之"哀姜"。鲁由此公室卑，三桓强。

——《鲁周公世家》

[知识拓展　古罗马三巨头]

在欧洲的古罗马时代，也曾经出现过和鲁国相似的情况，那就是国家内政被三股势力共同掌握，形成三足鼎立的形势。古罗马始建于约公元前9世纪，在建国之初，它还不是一个雄踞欧亚大陆的帝国。成为帝国之前，罗马经历了两百余年的"王政时代"（前753—前509），近五百年的"共和国时代"（前509—前27）。在罗马进入帝国时代的前夕，共和国的权力表面上属于元老院，但实际上却由三股势力在背后把持，就如同"三桓"控制鲁国一样。这三股势力的领袖分别是恺撒、庞培、克拉苏，合称为"罗马三巨头"。三人都是罗马贵族出身，同时手握着罗马共和国的政治与军事权力。

在一次对外征战中，克拉苏不幸战死。"三巨头"仅剩两人，权力的平衡伴随着克拉苏的死亡被打破。庞培谋划夺取恺撒的军权，但计划最终失败，庞培被恺撒击败，身死异乡。回国之后的恺撒，实际上已成为罗马的主宰者。之后的他厉行改革，触犯到了旧贵族的利益，最终被人谋杀身亡。

恺撒死后，他的养子屋大维继位，罗马从此进入帝国时代。

十四、田氏代齐

[导言]

　　齐国是先秦时代存在时间最长的国家，自周朝建立（约公元前11世纪）到秦朝建立（约公元前3世纪），齐国在历史舞台上活跃了八百余年。

　　当时，周武王得到姜子牙的辅佐，平定了天下。为了答谢这位周朝的大功臣，周武王把"营丘"这个地方（今天的山东）封赏给了姜子牙。于是，姜子牙就在这里建立起了齐国，世世代代的君主都姓"姜"。今天的中学语文课本里有一篇叫作《邹忌讽齐王纳谏》的课文，文中的齐威王却不姓"姜"。你可知道这是为什么吗？

　　原来，在后来的发展过程中，齐国的统治者换了一家人。

这就是历史上著名的"田氏代齐"，以这一事件为分界点，齐国的历史被分为"姜齐"时代与"田齐"时代。接下来，就让我们一起来了解，"田家"是如何从"姜家"手里夺取齐国统治权的。

[史记故事]

公元前701年，陈国的国君生下了一个儿子，名叫田完。国君请人来为自己的儿子卜算命运，卦象的结果说，田完的后代将占有别人的国家，并且这个国家一定是姜姓国。

在田完二十多岁的时候，陈国发生了内乱，田完害怕灾祸牵连到自己的身上，于是逃到了齐国。田完在齐国得到了优厚的待遇，齐国当时的国君齐桓公封予他官职，齐国的大夫把女儿嫁给他。

田完去世之后，他的后代们继承了官位，在齐国的地位变得越来越高。田无宇是田完的第四世孙，他侍奉齐庄公，十分得齐庄公的喜爱。为此，齐庄公还把自己的女儿嫁给了田无宇。

田乞是田无宇之子，他侍奉齐景公。如同自己的父亲一样，田乞也得到了齐国国君的喜爱。田乞在向百姓征收赋税的时候用小斗收进，给百姓发放粮食的时候则用大斗，给百姓以恩惠，在暗中收买齐民的人心。齐国的大夫晏婴曾多次向齐景公进谏，让齐景公防范田家，但齐景公并没有听从晏婴的话。

在齐景公死前，他曾下令让自己的儿子姜荼（tú）继位。但田乞并不喜欢姜荼，于是他发动了宫廷政变，杀死了姜荼。按照田乞自己的意愿，他将齐景公的另外一个儿子阳生立为君主，自己则成为齐国的国相。自此，田氏一族独揽齐国大权。此后，田氏一族继续在国内收买人心，排除异己；对外则通好邻邦，结交诸侯。

田常是田乞之子，在他掌权期间，依一己之愿废立君主的事情再次发生。到这个时候，国君形同虚设，整个齐国实际上已完全由田家掌控。庄子则记录了当时田常"窃国"的行为，他在自己的书中讽刺道："彼窃钩者诛，窃国者为诸侯。"（盗取带钩的人要被处死，盗取一个国家的人却成了诸侯。）

公元前404年，齐康公继位。这是一个沉溺于酒色的君主，他不理朝政，仍然任用田家的人作为齐国的国相。同时，田氏一族的领袖名为田和，他见取代姜姓自立的时机已经到来，于是把齐康公放逐到海岛之上，只给他留下了一座城邑。

随后，田和联合其他的诸侯国，请求周天子将自己封为诸侯，掌管齐国。当时周王室已经势衰，无力阻止这种兵戎纷乱、违礼僭（jiàn）越的事情。

最终在公元前386年，田和被立为齐侯，史称"齐太公"。就这样，经历了几世人的"田氏代齐"最终完成，"姜齐"至此绝嗣，齐国迎来了"田齐"时代。

[精彩原文]

九年，景公使晏婴之晋，与叔向私语曰："齐政卒归田氏。田氏虽无大德，以公权私，有德于民，民爱之。"十二年，景公如晋，见平公，欲与伐燕。十八年，公复如晋，见昭公。二十六年，猎鲁郊，因入鲁，与晏婴俱问鲁礼。三十一年，鲁昭公辟季氏难，奔齐。齐欲以千社封之，子家止昭公，昭公乃请齐伐鲁，取郓以居昭公。

——《齐太公世家》

[知识拓展　法兰克王朝的更迭]

在欧洲古代历史上，在西罗马帝国灭亡之后，西欧大陆崛起了一个新的王国，名为法兰克王国。如同中国先秦时代的齐国一样，法兰克王国经历过两个不同家族的统治，其历史据此可以分为"墨洛温王朝"时期以及"加洛林王朝"时期。

墨洛温王朝（公元481—公元751）的创建人是大名鼎鼎的克洛维一世，在他的统治之下，法兰克王国成了当时西欧最强大的国家。但在克洛维一世死后，墨洛温王朝统治下的法兰克王国常常处于松散、混乱的状态。之后的国王大都碌碌无为，他们将国家大事交给身边最亲近的人处理，自己则沉溺于歌舞声色。而这些替王朝管理政事的人被称为"宫相"。

在当时，有一位名为赫斯塔尔·丕平的人，他击败了所有政治竞争对手，成为法兰克王国唯一的宫相。其子查理·马特在父亲死后，则继任宫相的位子，彻底掌控了王国的内政，军队也听令于他。查理·马特之子是丕平三世，在丕平三世掌权之时，法兰克王国已彻底成为他们家族的囊中之物。

公元751年，在教皇的见证之下，丕平三世加冕为法兰克的国王，法兰克王国从此进入加洛林时代（公元751—公元987）。而墨洛温王朝的后人，则被新王囚禁在修道院之中。

十五、三家分晋

[导言]

我们说"春秋战国时代",常常把"春秋"和"战国"并称在一起,但如果要说得细致一点,"春秋"与"战国"实际上是两个先后不同的时代。

春秋时代(前770—前403)是东周前半段的历史,战国时代(前403—前221)则是东周后半段直到秦国统一中国的历史。而春秋与战国的分界点,正是历史上著名的"三家分晋"。晋国曾是春秋五霸中的一霸,到了战国时代,却分裂成三个国家,分别是赵国、魏国、韩国。这三个国家又成了战国七雄中的三雄。周天子公开承认赵、魏、韩以下克上、瓜分晋国的事实,这说明了东周礼乐制度彻底崩坏。接下来,让我们通过"三家分晋"一起去了解那个波诡云谲的时代。

我们在前面讲晋文公的时候提到过，晋文公的父亲是晋献公。晋献公是晋国的第十九代国君，在统治期间，发展出了一种"晋无公族"的特别传统。在当时，一般诸侯国的国君会将自己的亲人、后代分封为贵族，并让他们在国内享有一定的权力。但为了不让自己的权力受到挑战，晋献公几乎将自己的亲族全部杀死，甚至连自己的儿子也不放过。

晋献公晚年之时昏庸无道，以致晋国发生了内乱。他的儿子重耳被迫出逃晋国，在外流亡十九年，辗转居访了八个诸侯国。流亡期间，重耳身边有许多贤能的臣子跟从，如狐偃、赵衰、颠颉等人。这些人虽然不是晋国公室的亲族，却对重耳忠心耿耿，始终辅佐着他。公元前636年，重耳将晋国内乱平定，回国继位为晋文公，他对当年追随他的人大加封赏，委以重任。

自此，晋国外姓卿大夫的势力开始得到迅猛的发展，他们出将入相，掌握着晋国的军政大权。但在晋文公死后，新任的国君已渐渐无法压制这些外姓的卿大夫。至春秋末期，晋国的实际权力已落入韩、赵、魏、智、范、中行、郤、栾等家族的手中。

这些家族分别割据了晋国的一方土地，相互攻伐。发展到后来，仅剩赵、魏、韩、智四家还在相互拼斗，而在这四家中，智家是势力最为强大的一个。

公元前475年，越国攻破吴国，成为新一代的中原霸主。在当时的晋国，智家的智伯瑶手握着执政大权。智伯瑶向赵、魏、韩三家提议，为了让晋国重新强大起来，每个家族都应当向国君进献自己封邑的土地与人口。赵、魏、韩三家实际上都不愿意献出自己的封邑，但在智伯瑶的威迫下，韩家和魏家还是将土地与人口献给了晋公，只剩赵家无论如何都不肯答应。

于是在公元前455年，智伯瑶联合了韩、魏两家攻打赵家。赵家自知寡不敌众，便率领军马退守到晋阳城（今山西太原）。智、韩、魏三家联军苦攻两年，都没能攻克晋阳城。最后，智伯瑶决定用水淹城，赵家坚守的晋阳危在旦夕。

韩、魏两家见到智伯瑶的手段，心里极为吃惊，他们开始担心未来智家会不会用同样的方式来对付自己。此时，赵家向韩、魏两家派遣使者，劝说他们一起与赵家联合起来攻打智家。韩、魏两家当即同意了。

于是赵、魏、韩三家联合起来向智家的军队发起进攻，智伯瑶最终死在三家联军的刀下。为了绝除后患，赵、魏、韩三家又联合率军攻打智家的封邑，将智氏一族赶尽杀绝。

赵、魏、韩三家将智家清除后，又将整个晋国的土地、人口瓜分为三部分。此时的晋国君主手中早已无实权，只能眼睁睁地看着这一切发生。

公元前403年，赵、魏、韩三家派遣使者前去面见周王，请求周王将他们三家封为诸侯。周天子见事情已不可逆转，而周王室也无实力改变现状，于是就做了顺水人情，承认了赵、魏、韩作为独立诸侯国的地位。从此，中国的历史正式开启了战国时代。

[精彩原文]

六卿欲弱公室，乃遂以法尽灭其族。而分其邑为十县，各令其子为大夫。晋益弱，六卿皆大。

十四年，顷公卒，子定公午立。定公十一年，鲁阳虎奔晋，赵鞅简子舍之。十二年，孔子相鲁。

十五年，赵鞅使邯郸大夫午，不信，欲杀午，午与中行寅、范吉射亲攻赵鞅，鞅走保晋阳。定公围晋阳。荀栎、韩不信、魏侈与范、中行为仇，乃移兵伐范、中行。范、中行反，晋君击之，败范、中行。范、中行走朝歌，保之。韩、魏为赵鞅谢晋君，乃赦赵鞅，复位。二十二年，晋败范、中行氏，二子奔齐。

——《晋世家》

[知识拓展　法兰克王国的分裂]

在欧洲古代历史上，也曾经出现过一个大国被一分为三的重大历史事件。这就是法兰克王国的分裂。

法兰克王国是公元5世纪到9世纪统治西欧的封建王国。法兰克王国出现过一位叫作查理曼的英明君主，他励精图治，极大地扩张了法兰克王国的领地。在查理曼统治期间，法兰克王国最为强盛，被称为查理曼帝国，而查理曼本人则被尊称为查理大帝。

在查理大帝去世之后，他的儿子路易一世继承了王位。路易一世将整个帝国分成三个部分，交给自己的三个儿子治理。在世期间，路易一世建立起了井然有序的政权，在他的努力下，整个王国维护着较好的统一。

路易一世在公元840年去世，他的儿子们为了抢夺权力，很快就开始相互的攻伐，令法兰克王国陷入纷乱与斗争当中。

公元843年，路易一世的三个儿子决定将王国瓜分，他们签订了历史上著名的《凡尔登条约》。从此，法兰克王国一分为三，形成西法兰克、中法兰克和东法兰克三个王国。而这分裂后的三个王国，便是后来的法兰西王国（后来的法国）、意大利王国（后来的意大利）以及德意志第一帝国（后来的德国）的雏形。

十六、魏文侯

[导言]

　　我们在第十二章讲述孔子和孔门弟子的故事时提到，孔子在世的时候，他的政治主张和学术思想并没有受到当时各国诸侯的支持。那么，为什么后来儒家思想影响力越来越大，最终成了中国的主流思想呢？这是因为孔子的弟子以及再传弟子为推广儒家学说作出了非常多的努力，这使得孔子的思想最终得以在全天下开枝散叶、星火燎原。而在孔子的众多学生之中，有一个非常博学的弟子，在传播孔子思想方面起到了至关重要的作用，这个人就是我们提到过的子夏。子夏后来去了魏国，凭借高深的学问见解，获得了魏国国君魏文侯的信任和尊重，被魏文侯拜为老师。

　　魏文侯是战国时期一位引领风气的英明君主。他是魏国的开国君主，他带领魏国在战国初期率先走向强盛，让魏国在政治、经济、军事、文化各个方面领先于其他国家。本章，我们就来了解一下魏文侯魏斯的事迹。

魏文侯名为魏斯，是魏国的开国之君，他的祖父便是与赵、韩两家一起瓜分晋国的魏桓子。公元前446年，魏桓子去世，魏斯从他祖父手中接下魏家的家业。而魏斯也不负期望，在公元前403年被封为诸侯，魏国正式成为封建国家。

由晋国分裂而来的魏国在地理上处于中心位置，它西有秦国，南有韩国、楚国，北有赵国，东有齐国。这些国家的实力都非常强大，身在包围中的魏国处境十分危险，随时可能被别国侵扰。但魏文侯是一位具有雄才大略的英明君主，面对这种情况，他不仅没有手足无措，而且还正确地作出了许多重大的决策，带领魏国走向强大。魏文侯一改之前任人唯亲的传统，他不以家庭出身作为评判人的标准，任人唯能，在当时提拔了一大批人才，如李克、乐羊、西门豹等人。

魏文侯非常尊重人才，经常亲自去拜访有才能的人，邀请他们辅佐自己，或者跟随他们学习。有一次，他听说有一个叫作段干木的贤人，便去拜访他。魏文侯每一次坐车经过段干木的家门口的时候，都扶着车前的横木，朝段干木的家行礼表示尊重。后来，秦国打算发兵进攻魏国。有人就对秦王说："魏文侯对待人才非常尊重，魏国的人都称赞他是一位仁德君主，所以魏国上下都非常团结。这种情况下是不能够去进攻魏国的。"魏文侯礼贤下士的名声就这样在所有的诸侯国里传开了。魏文侯非常信任他的手下李克，有一次，他咨询李克："成子和翟璜这两个人，究竟谁更适合做我的宰相？"由于李克是翟璜推荐给魏文侯的，所以李克不方便直接回答这个问题，在推辞了一番之后，李克委婉地告诉魏文侯，成子是更适合的人选。翟璜在得知李克并没有推荐自己之后，非常生气，他斥责李克忘恩负义。而李克则平静地对翟璜说："您把我推荐给魏文侯，难道是为了结党营私做大官吗？文侯问我成子和翟璜谁更适合做宰相，我只是告诉文侯，您只要观察他们平时亲近哪些人，富有时结交哪些人，显贵的时候推荐什么人，不得志时不做哪些事情，贫穷时不要什么东西，自然会发现谁更适合做宰相。"翟璜听罢，非常羞愧，他对李克说："我是一个见识浅薄的人，说话很不得体，希望以后能够跟随您，做您的弟子。"

在魏国的国内，有一个名为邺城（今河北临漳）的地方，魏文侯派了西门豹前去治理。西门豹来到邺城，发现这里的人丁十分稀少，百姓个个满脸愁容。原来，邺城有"河伯娶亲"的传统，说是每隔一段时间就要挑选一个美丽的女子投入河中，献祭给河伯，否则河伯就会使大水泛滥，淹没百姓的屋舍与农田。到河伯娶亲的那一天，西门豹也来到了现场，他先是将举行仪式的巫婆拦下，对她说道："我见要嫁给河伯的女子并不好看，能不能请你派人下去和河伯说一声，迟几天再献上另外一位？"以此为由，西门豹叫人将巫婆和她的弟子们一个一个地投入河中，从这以后，当地河伯娶亲的陋习便被破除了。西门豹还兴修水利工程，治理好了流经邺城的河流，百姓从此家给户足，生活安定。

[精彩原文]

文侯受子夏经艺，客段干木，过其闾，未尝不轼也。秦尝欲伐魏，或曰："魏君贤人是礼，国人称仁，上下和合，未可图也。"文侯由此得誉于诸侯。

任西门豹守邺，而河内称治。

魏文侯谓李克曰："先生尝教寡人曰：'家贫则思良妻，国乱则思良相。'今所置非成则璜，二子何如？"李克对曰："臣闻之，卑不谋尊，疏不谋戚。臣在阙门之外，不敢当命。"文侯曰："先生临事勿让。"李克曰："君不察故也。居视其所亲，富视其所与，达视其所举，穷视其所不为，贫视其所不取，五者足以定之矣，何待克哉！"文侯曰："先生就舍，寡人之相定矣。"

——《魏世家》

[知识拓展　大航海时代的领跑者]

放眼全球历史，每当一个大时代来临，常常会有一些率先崛起的国家领跑在时代的最前端，引领着整个世界的风尚。它们如同马拉松比赛的领跑者一样，是新时代最初的焦点。

15世纪欧洲的大航海时代，是由伊比利亚半岛西部的葡萄牙率先领跑的。葡萄牙亲王、航海家亨利王子为了发展航海事业，做出了许多超前的事情。他创办航海学校，兴建航海大船，资助数学家改进航海仪器，广泛地收集航海所需要的地理资料，出资支持船队远航探险……在亨利王子的大力支持之下，葡萄牙的航海事业迅速发展起来，产生了许多杰出的航海家和探险家，他们率先在全世界抢占殖民地，为葡萄牙带来了大量来自全世界的黄金和香料，使得葡萄牙在大航海时代初期迅速走向富强。

不过，一个时代的领跑者不一定能够领跑到最后。和中国战国时代魏国的命运一样，葡萄牙在航海方面的强势地位逐渐被西班牙所取代，此后，世界海上霸主多次变换，直到今天大海上仍然充满着竞争和挑战。

十七、赵武灵王

[导言]

历史的发展总是伴随着不同文明之间的碰撞与融合。比如公元前4世纪亚历山大东征，马其顿帝国的出现开创了东西方文明相互碰撞交流的"希腊化"时代。横跨欧亚非的阿拉伯帝国在中世纪崛起，成为连接中西方文明的桥梁。而15世纪开始，欧洲诸国发展起蓬勃的海上贸易，使得整个世界在真正意义上开始连为一体。

时间来到近现代，第一次工业革命（18世纪60年代至19世纪40年代）席卷全球，西方国家在全球范围内建立起自身的文明秩序。现代中国人也受这一秩序影响，开始穿西装，采用公历，使用握手礼。这种生活方式的改变，实质上正是缘于对其他民族优秀文化成果的学习。

中国自古以来就是一个善于学习其他民族优秀文化的国家。早在战国时代，各诸侯国中的赵国就向北方游牧民族学习"胡服骑射"。这种引领时代的观念带领赵国走向强盛，并且极大地影响了后世中国的军事传统。

[史记故事]

公元前325年，赵雍继位为赵国的国君，后世都称他为"赵武灵王"。赵武灵王即位的时候，正当赵国国力衰败之际，在与其他国家的战争中，赵国常常处于下风。而赵国的地理位置在最北端，东、西、北三面都与游牧民族相接，边境常常被这些擅长骑马射箭的部落侵扰。

赵武灵王常常与游牧民族打交道，从他们身上看见了可以学习借鉴的闪光点。这些以游牧为生的民族，穿的都是贴身的短装，这与中原居民身穿的大袖长袍很不一样，因而被人们称为"胡服"（"胡"即指"外族人"）。作战的时候，他们骑在马上，手持弓箭，这又与中原军队使用战车、长矛十分不一样。赵武灵王发现，使用骑兵、身穿贴身短装、手持弓箭的游牧民族，在作战的时候表现得十分灵活，来去如天上的飞鸟一样。

于是，赵武灵王提出了穿胡服、学习骑射的主张，不仅要求军队穿胡服、学骑射，而且要求全国所有人都这么做。这样的主张很快引来旧贵族的反对，但赵武灵王抱着带领国家走向强盛的决心，冲破了种种阻拦，在全国开启了"胡服骑射"的改革。

之前提到的中山国，就是以游牧民族为主体建立起来的国家。在被魏国攻破之后，中山国很快又凭借着自身的顽强重生，继续侵扰着赵国的边境。而在推行"胡服骑射"的政策之后，赵国很快建立起了一支战斗力强大的骑兵，赵武灵王毅然决定向侵扰自身已久的中山国发起进攻，很快就将中山国彻底灭亡。也由于胡服骑射的改革，赵国的国力鼎盛，成为秦国之外最强大的国家。

这场改革的意义与影响不局限于赵国，它还深远地影响了中国后世的军队与民族服饰的发展。原本的中原服饰追求美观，同时还是身份地位的象征，但实际穿戴起来却十分不方便，对于行军打仗的人而言尤其如此。继赵国之后，中国各个时期、朝代的军备都朝着实用化的方向发展，"骑兵"也作为一种新的兵种登上舞台，在现代战争出现之前，于历史中辉煌了千余年。由于使用"胡服"，民族融合的程度也得到了进一步的加深。人们还在"胡服"的基础上，加入了原有服装的一些特点，很快就获得大范围的接受与喜爱。

赵武灵王进行"胡服骑射"的改革，带领赵国走向强盛，他被认为是战国杰出的君主之一，也被认为是一位伟大的变法家和改革家。

[精彩原文]

（赵武灵王）召楼缓谋曰："我先王因世之变，以长南藩之地，属阻漳、滏之险，立长城，又取蔺、郭狼，败林人于荏，而功未遂。今中山在我腹心，北有燕，东有胡，西有林胡、楼烦、秦、韩之边，而无强兵之救，是亡社稷，奈何？夫有高世之名，必有遗俗之累。吾欲胡服。"楼缓曰："善。"群臣皆不欲。……王曰："吾不疑胡服也，吾恐天下笑我也。狂夫之乐，智者哀焉；愚者所笑，贤者察焉。世有顺我者，胡服之功未可知也。虽驱世以笑我，胡地中山吾必有之。"

——《赵世家》

[知识拓展　赵武灵王的谥号]

"武灵"是赵雍的"谥号",而"谥号"在古代是用来评价人一生的功与过的,蕴藏着褒贬之意。一般的先秦诸侯,谥号中只有一个字,如魏文王的"文"指的是有才有德,周厉王的"厉"指的则是贪婪暴虐。而赵雍的谥号十分特别,"武"字指的是威武强大,"灵"指的是荒唐不经。

由此可见,赵雍有着一褒一贬两个谥号,因而被称为"赵武灵王"。虽然赵武灵王在治国理政、推行军事改革方面能力出众,但赵武灵王晚年昏庸,在挑选继承人之时废长立幼,导致赵国国内王权争夺的矛盾被激化,最终招来赵国的内乱,史称"沙丘之乱"。

在沙丘之乱中,赵雍被围困在沙丘宫,不得不在树上的鸟窝里寻找食物,时经三个多月,最终被饿死。"赵武灵王"这一谥号,可以说是对赵雍英明半生、晚节不保的概括。

十八、商鞅变法

[导言]

　　古老的文明对于一个国家而言，有时候是宝贵的财富，有时候又可能变成前进发展的沉重包袱。中国是世界上最古老的国家之一，同时在现代仍然保持着高速发展的活力。这在很大程度上应该归功于我们这个民族自古以来就具有不墨守成规、积极开拓创新的实践品格。

　　中国在历史上经历过几次意义重大的政治变革。其中，最为知名的便是"商鞅变法"，它奠定了秦朝统一中国的基础，也是我们民族早期具有里程碑意义的政治变法，显示出中国人勇于变革的精神。

商鞅变法发生于战国时代的秦国，时间大概在公元前4世纪中期。在战国时代，周朝所建立的礼乐制度已经彻底崩溃，各个国家纷纷变法图强，图谋成为中原的霸主。相比起东方的六国，最初的秦国是一个比较落后的国家。当时的魏国有李克变法，楚国则有吴起变法，而这些变法都早于秦国商鞅变法几十年。

商鞅原本是卫国人，然而在战争蹂躏与腐朽统治之下，卫国早已变得千疮百孔，不再是一个能够施展才华的地方。商鞅胸怀大志，他居留过卫国和魏国，却都没能实现自己的政治理想。

秦孝公在公元前362年继位为秦国的国君，为了让秦国在诸侯之间的征伐中保持有利的地位，他引进人才，决定像别的国家一样进行变法。这时，商鞅找到了实现自己政治抱负的机会。

公元前359年，秦孝公召集群臣，命众人商议变法的事宜。当时，秦国国内有不少人反对进行变法。这些反对变法的人大多是秦国的贵族，变法会触动贵族们的利益，因此，他们以"法古无过"（效仿古时的制度不会有过错）为理由反对变法。秦孝公虽然赞成商鞅的变法提议与主张，但他刚刚继位不久，地位尚不稳固，所以就将变法的事情暂时搁置了下来。

过了两年，秦孝公在国内巩固了自身的统治，就依着商鞅的主意，开始厉行变法。为了取得秦国民众的信任，商鞅叫人在城南的门前立了一根木头，下令说："谁若是能把这根木头搬到城北去，就赏金二百两（十镒）。"很快，这根木头前就围满了人，大家都纷纷议论，觉得这根木头谁都能搬得动，以为二百两赏金是一场玩笑，因而许久都没人上去扛木头。

商鞅知道百姓不相信自己下的命令，于是将赏金提高到一千两（五十镒）。这时候，有人跑出来将木头扛到了城北。商鞅立刻下令，将一千两赏金赏给扛木头的人。这事不久就轰动了整个秦国，现在大家都知道，政府言出必行，法令可信。

后来，商鞅将新法令颁布了出去。新法令赏罚分明，它规定：一个人的军功越大，所得的官职爵位越高；粮食和布帛生产得多，就能免除劳役；犯了罪的人，连同着亲人朋友都要一起受罚……

新的法令鼓励民众参与到国家的建设中来，这使得秦国迅速崛起，发展成为战国后期最为强大的国家。因此，商鞅得到了秦孝公的嘉奖，被封赐在一个叫商於（今陕西商洛市）的地方，号为商君。商鞅（本名公孙鞅）名中的"商"字正是由此而来。

商鞅变法让许多平民上升为新贵族，却得罪了当时秦国的旧贵族。公元前338年，秦孝公去世。在商鞅失去秦孝公的保护之后，旧贵族势力罗织罪名，诬陷商鞅谋反。新任的君主秦惠文王无奈只好下令追捕商鞅。

　　商鞅逃到了边关，想在一间客栈留宿，但身上却未带凭证。客栈的主人不知他是商鞅，便拒绝他说："依照商君的法令，收留没有凭证的客人是要被治罪的。"因此，商鞅只好回到自己的封邑，发兵抵抗。秦惠文王派兵征伐，商鞅最终战败身死，他的亲族一同被诛灭。

　　虽然商鞅被旧贵族的势力迫害致死，但新法却依然在秦国施行。在变法的推动下，秦国变得一代比一代强大，最终在公元前221年统一了中国。

[精彩原文]

　　令既具，未布，恐民之不信，已乃立三丈之木于国都市南门，募民有能徙置北门者予十金。民怪之，莫敢徙。复曰："能徙者予五十金。"有一人徙之，辄予五十金，以明不欺。卒下令。

　　令行于民期年，秦民之国都言初令之不便者以千数。于是太子犯法。卫鞅曰："法之不行，自上犯之。"将法太子。太子，君嗣也，不可施刑，刑其傅公子虔，黥其师公孙贾。明日，秦人皆趋令。行之十年，秦民大说，道不拾遗，山无盗贼，家给人足。民勇于公战，怯于私斗，乡邑大治。

——《商君列传》

[知识拓展　古希腊梭伦改革]

世界历史上出现过许多勇于改变传统，把国家和族群带向新时代的改革家。

梭伦是古希腊雅典人，他名声显赫、功绩卓越，同时还精通政治与法律。在公元前594年，梭伦被选为雅典的首席执政官。

在梭伦成为执政官之前，雅典的贵族们通过操纵战神山议事会，垄断了城邦的立法、行政、司法大权。梭伦则在上任后改变了这一切。梭伦恢复了旧日的"公民大会"，使它成为最高的权力机关，城邦的重大事宜都在公民大会得到决定。公民大会欢迎雅典的一切公民参与，无论贫富。梭伦还将整个雅典分为四个部落，每个部落选出一百人，组成"四百人会议"，成为公民大会的常设机构。

梭伦改革为雅典民主政治的建设奠定了基础，为雅典城邦的振兴与强大开辟了道路。

十九、司马错伐蜀

[导言]

自20世纪30年代至今，考古学家在四川省广汉市的三星堆发掘出了大量精美的文物。在出土的众多文物中，最为奇特的就是用来表现对神明崇拜的青铜造像。这些铜像往往形体巨大，眼珠从眼眶中凸出，神情肃穆庄重，整体散发着一种奇幻诡谲的气息。这种"巨眼高悬"的神秘形象，恰好与传说中"纵目"的古蜀先王——蚕丛联系在了一起。进一步比较，我们发现无论是在考古挖掘中，还是在历史传说中，上古时代的"古蜀文明"都是相对于"中原文明"独立发展的。正如李白在《蜀道难》中所写："蚕丛及鱼凫，开国何茫然，尔来四万八千岁，不与秦塞通人烟。"古蜀国与世隔绝，自身已独立发展了数千年，因而它有着许多不同于中原文明的地方。

在公元前4世纪后期，秦国的将领司马错率军灭亡古蜀国，标志着古蜀大地正式地被纳入中原文明系统。自此以后，蜀地改变了隔绝闭塞的落后面貌，开始与外界进行往来交流，走上了通往富庶与繁盛的发展道路。值得一提的是，司马错是《史记》作者司马迁的八世祖。所以，在《史记》中读到司马错这位历史人物时，人们能感受到作者的自豪。

[史记故事]

战国中期，经历了商鞅变法的秦国国力大增。秦国时任的国君是秦惠文王，他身边有名士张仪辅佐，同时自己也进取有为，因而秦国时时在周边扩张自身的疆土，日益强盛起来。

公元前316年，秦国南边的蜀国与巴国发生了斗争，两个国家同时向秦国请求援助。秦惠文王想趁着这个机会出兵吞并蜀国，然而东边的韩国却在此时前来侵犯。秦惠文王在先攻打蜀国还是先征讨韩国这个问题上犯了难。

司马错是秦国一流的武将，他在这个问题上坚持先攻打蜀国；张仪是秦国一流的文臣，他在这个问题上则坚持先征讨韩国。在秦惠文王面前，司马错与张仪两人争论不休。于是，秦惠文王止住了两人的争吵，让司马错和张仪分别说说自己的理由。张仪先对秦惠文王说道："韩国是中原的要塞之地，它的北面是魏国，南面是楚国，而西面则是我们秦国。只要我们联合魏国、楚国，三面夹击，轻而易举就能灭亡韩国。灭亡韩国之后，我们就可以趁机侵吞楚国、魏国的土地。同时，还能直接逼近周天子所居的城邑，逼迫他献出象征着王权的九鼎。这个时候，我们就能胁迫着周天子，命令各国的诸侯，这才是统一天下的大业啊！而那蜀国是一个偏僻闭塞的国家，攻打它只会让我们的士兵疲惫、百姓劳苦。夺取了他们的土地，既不能名扬天下，也没有实际的好处。真要这么做，那可就离帝王之业越来越遥远了！"

司马错随即反驳道："不是这样的！要想令国家富强，就必须开拓疆土；要想军队强大，就必须使百姓富足；要想统一天下，就必须广施恩德。具备了这三样条件，帝王之业才可实现。而如今大王的疆土尚小，百姓也不富足，所以不如先从简单的事情做起。蜀国弱小，我们秦国攻打它，就如同豺狼驱逐羊群一样。占领了蜀国，我们的疆域可以得到扩张，百姓可以变得富足，军队也可以得到整治。攻打蜀国，我们不会在外传出恶名；而攻打韩国，劫持周天子，那我们将背负不义的名声。若各国联合起来反对，秦国将成为众矢之的。如此说来，攻打韩国，还不如攻打蜀国。"

秦惠文王最终采取了司马错的建议，出兵攻打蜀国。在当年的十月，司马错率军翻越秦岭，很快就将蜀国攻占了下来。在攻占蜀国之后，司马错又顺势将巴国吞并。此一战中，秦国将巴蜀之地（即今四川、重庆一带）吞占。而原本的蜀王被秦惠文王贬谪为蜀侯，秦国大臣陈庄则被派遣到蜀国担任国相，时刻监视着蜀侯的一举一动。

在灭亡蜀国与巴国之后，秦国的疆土大大扩张，依借着巴蜀之地，秦国更为兵精粮足，拥有了更强大的物质基础。秦国在随后的百年里，统一了天下，建立了中国历史上第一个大一统王朝。

[精彩原文]

司马错曰："不然。臣闻之，欲富国者务广其地，欲强兵者务富其民，欲王者务博其德，三资者备而王随之矣。今王地小民贫，故臣愿先从事于易。夫蜀，西僻之国也。而戎翟之长也，有桀纣之乱。以秦攻之，譬如使豺狼逐群羊。得其地足以广国，取其财足以富民缮兵，不伤众而彼已服焉。拔一国而天下不以为暴，利尽西海而天下不以为贪，是我一举而名实附也，而又有禁暴止乱之名。……不如伐蜀完。"

——《张仪列传》

"巴蜀之地"即今天的四川、重庆一带，由于四川盆地成都平原地势平坦、土壤肥沃，十分适合种植粮食，因而此地历来有"天府之国"的美称。但在更为遥远的古代，巴蜀却因为四周环绕着大山而与外界隔绝，地理环境也没能得到很好的治理，当地人们世代过着贫穷落后的生活。

虽然秦惠文王将巴蜀并入秦国的版图，打开了当地与外界交往的大门，但交通仍然十分困难。古人依靠双脚翻越、进出大山，常常要花好几个月的时间，"蜀道难"是人们的切身体会。两千四百多年过去了，现代中国发展日新月异，最终将天堑变为通途。想要从当年的秦国（今天陕西等地）到达古蜀国（今天四川等地），我们乘坐高铁，只需要用上四个小时左右的时间，这在古代是一件难以想象的事情。

今天，中国的公路总长度和铁路总长度都排名世界第一，这些公路和铁路很多都修建在地势险要的高原和高山之上。比如，我们在"世界屋脊"——青藏高原上也架起了铁路，在现代科技的支持下，我们可以自由出入这些曾经令人望而却步的地方。

二十、范雎入秦

[导言]

人才是影响国家发展的关键因素之一。无论哪一个时代，任何国家的崛起都需要人才的支撑，任何国家的衰败都伴随着人才的流失。

新中国成立之初，钱学森先生无视美国人开出的优厚条件，历尽艰辛回到祖国，为中国的军事、航天事业作出了卓越的贡献，使尚未完全摆脱贫弱的新中国在新兴科技领域突破了敌人的包围。袁隆平先生潜心研究杂交水稻，不畏艰难，甘于奉献，始终耕耘在农业生产科研第一线，带领人们战胜饥荒，保障了国家的粮食安全。当代中国对人才十分重视，改革开放以来，"人才强国"上升为国家战略，2012年，国家更是推出高层次人才特殊支持计划。人才兴邦，这不仅是新中国建设所得到的经验，更是中华几千年文明给我们留下的历史经验。

两千多年前，秦国能够统一天下，并非它的王室血统比东方六国更加高贵，而是因为它的历任统治者都善于招揽、任用别国的人才。秦国就是在许许多多优秀文臣武将的辅助之下强大起来的，本章要讲到的范雎（jū）正是其中一位。

[史记故事]

范雎是魏国人，他曾想要在魏昭王的手下谋求职位，但无奈家中贫困，没有足够的财物支持他的想法。于是，范雎只好先到魏国的大夫须贾手下任职。

须贾奉魏昭王之命出使齐国，范雎也跟随一同前往，两人在齐国滞留了几个月。其间，齐襄王听说范雎能言善辩，就派人给范雎送去许多钱财，同时还赠予他牛肉与美酒，但范雎推让不肯接受。听闻齐襄王给范雎赠礼，须贾勃然大怒，以为范雎把魏国的重要情报都偷偷告诉了齐国。须贾命令范雎收下齐襄王的牛肉与美酒，把钱财退回。

回到魏国以后，须贾把这件事情告诉了魏国的国相。魏国的国相是魏国诸公子中的一位，名为魏齐。魏齐听后十分生气，命令手下的人鞭打范雎，把他的肋骨和门牙都打断了。范雎只好装死，魏齐手下人就把范雎裹在草席中，丢到了厕所里。当时，魏齐正在摆酒宴宾，宾客们喝醉了酒，就往范雎身上撒尿来羞辱他，并以此告诫人们不要泄露国家机密。

等到四下无人，范雎偷偷和看门人说："如果你能帮我离开这里，我一定会重重地酬谢你。"看门人于是向魏齐请示，要将草席中的尸体丢出去。这时候，魏齐已经喝醉了，他醉醺醺地说道："可以。"酒醒之后，魏齐觉得不太对劲，他又派人出去找范雎。魏国有个叫郑安平的人听说了这件事，就带上范雎一起逃亡。其间，范雎隐姓埋名，把自己的名字改为"张禄"。这时候，秦昭王派遣使者王稽到魏国拜访。郑安平把自己装扮成下人，侍候王稽。王稽问郑平安："魏国可有贤士愿意同我一起去往秦国？"郑平安就向王稽举荐了范雎，于是几人约定在夜里会面。和范雎谈完话以后，王稽发现范雎是一个贤才，于是就把范雎带到了秦国。

在秦国居住了一年多，范雎才得以面见秦昭王。秦昭王为范雎的才智所折服。谈话中，范雎提了"远交近攻"的战略，秦昭王就将它作为秦国的战略方针。在接下来的几年里，秦国攻占了韩国、魏国的许多土地。当时，秦国的朝政大权被把控在太后芈（mǐ）八子的手上。范雎向秦昭王谏言，应当早日清除掉异己势力。秦昭王听取了范雎的计策，从太后手中收回了权力，驱逐她的亲族。随即，秦昭王又拜范雎为国相，封为应侯。成为秦国的国相后，范雎声势大振，回想起旧仇，他先是羞辱了须贾，后逼魏齐自杀；对于旧恩，他向秦王举荐郑安平为秦国大将，王稽任河东郡守。

在后来的长平之战中，正是范雎用计谋离间了廉颇与赵王，使得白起能在阵前大破赵军。在范雎的辅助之下，秦国已然成了一个天下人都畏惧的国家。再后来，郑安平因为战败而率军投降了赵国，王稽又因犯法而被诛杀。按照秦国的法律，被举荐者若是犯了法，举荐者同罪。而秦昭王却为范雎破例，不仅没有责怪范雎，反而给予他更加丰厚的赏赐。范雎对此却感到很害怕，他向秦昭王举荐了燕国人蔡泽为秦国的新国相，自己则回了封地。

[精彩原文]

王稽辞魏去，过载范雎入秦。至湖，望见车骑从西来。范雎曰："彼来者为谁？"王稽曰："秦相穰侯东行县邑。"范雎曰："吾闻穰侯专秦权，恶内诸侯客，此恐辱我，我宁且匿车中。"有顷，穰侯果至，劳王稽，因立车而语曰："关东有何变？"

曰："无有。"又谓王稽曰："谒君得无与诸侯客子俱来乎？无益，徒乱人国耳。"王稽曰："不敢。"即别去。范雎曰："吾闻穰侯智士也，其见事迟，乡者疑车中有人，忘索之。"于是范雎下车走，曰："此必悔之。"行十余里，果使骑还索车中，无客，乃已。王稽遂与范雎入咸阳。

——《范雎蔡泽列传》

[知识拓展　流浪的科学家]

顶级人才的去向永远是国与国之间竞争胜败的风向标。

在第二次世界大战结束之后，苏联和美国一起迅速崛起为超级大国。在争夺世界顶级科技人才这方面，苏联和美国展开了激烈竞争，他们在全世界网罗顶级的科技人才为他们所用。比如说，美国为了保持在军备和太空竞赛中的优势地位，展开了一个名为"回形针行动"的专项计划，用来从战败的德国抢夺科学家，最终把数千名德国科学家接到美国效力。而苏联也不甘示弱，针锋相对地展开了"奥萨瓦根行动"，直接动用了九十二列火车开赴德国抢夺理工人才。

双方就这样你来我往，将德国杰出的科学家瓜分殆尽，为自己后续的跨越式发展奠定了基础。

二十一、合纵连横

[导言]

　　在人类进入文明时代的早期成熟阶段，"国家"作为一种组织形式就已经出现。发展至今，"国家"的存在已经有几千年的历史了。在这么长的时间里，不同国家之间的斗争与交流是贯穿了整个人类文明史的主线。

　　不同的国家实力不尽相同，有时会出现一个实力较强的国家占据主导地位，而其他的国家在实力上相对弱小的情况。为了维护自身的领导地位，强国一般会采取手段来分化各个弱国；为了保证自己的生存与发展，各个弱国又会联合起来对抗强国。

　　"联合"与"分化"之间的对抗，实质上是一种国际竞争中的角力艺术。早在两千多年前的战国时代，这种平衡力量对比的外交手段就已经在各个国家间普遍使用。在当时，这种手段有另外一对名字——"合纵"与"连横"。

[史记故事]

从地理位置上来说，秦国在整个中原地区的西边，它在南方、北方、西方都没有相邻的国家，只在东方与各个国家相接；而齐、楚、燕、赵、魏、韩这东方六国的土地，南北相连。因而，秦国在横向上分别与东方六国结盟，以分化各国联盟的外交政策叫作"连横"；东方六国在纵向上相互结盟，以对抗秦国的外交政策叫作"合纵"。

带领六国合纵以对抗秦国的人，名为苏秦。苏秦早年在鬼谷子门下学习兵法与谋略。学成之后，苏秦外出游历，却始终穷困潦倒，回到家中被家人嘲笑。苏秦感到十分愤慨，他头悬梁，锥刺股，在家闭门研究一本叫《太公阴符》的兵书。伏案钻研了一整年，他从中揣摩出"合纵"之术。

功成之后，苏秦想以此游说各国的国君，让他们采取自己的方略，使国家强盛。苏秦先后到了周国、秦国、赵国，然而都碰了一鼻子灰。可苏秦没有放弃自己的理想。公元前334年，苏秦又来到了燕国，取得了燕国国君的信任，说服燕侯与赵国结盟，一同对抗秦国，维护燕国的安定。燕侯以车马金帛资助苏秦，让他前去游说赵国。

苏秦在燕国的支持之下，得以在赵侯面前详细述说"合纵"之计。在听完苏秦的话后，赵侯采纳了他的主张，又继续资助苏秦，让他去剩下的几个国家继续游说，以便结成对抗秦国的联盟。

公元前334年，东方六国合纵结盟，苏秦被任命为"从约长"（领导联盟的人），并同时成为六个国家的国相，佩戴六国的相印。六国合纵之后，秦国在长达十五年的时间里未能东进。

而主张秦国连横以分化东方六国的人，名为张仪。张仪是苏秦的同门，他同样早年时拜在鬼谷子门下。面对东方六国的联合抵抗，秦国显得有些无力。这时候，张仪向秦王献出了"连横"之策，主张从各个国家入手，一步步将合纵联盟瓦解，张仪的计策很快就得到了秦王的赏识。采纳了张仪的计策之后，秦国拿相邻的魏国开刀，对魏国软硬兼施，使得魏国成了第一个退出合纵的国家。

东方各国中更为强大的便是齐国与楚国，为了让合纵联盟进一步瓦解，张仪决定挑拨齐楚两国之间的关系。张仪劝说楚王，若是楚国能与齐国断绝关系，秦国将把商於（今陕西丹凤及河南西峡一带）的六百里地割让给楚国。楚王听了大喜，马上答应了张仪的请求，与齐国断绝了联系。在与齐国断交后，楚国来秦国收取土地，可张仪立即翻脸不认账，楚王大怒，发兵攻打秦国。

而秦国邀请齐国助战，在公元前312年大败楚军。楚国被夺取了大片土地，元气大伤。

在瓦解了齐、楚之间的联盟后，张仪进一步到各个国家游说，劝说他们与秦国结盟。就这样，原本的合纵联盟被瓦解。在不相互团结的情况之下，东方各国没有独立对抗秦国的能力。最终，秦国将各个国家逐一击破，完成统一。

[精彩原文]

苏秦者，东周雒阳人也。东事师于齐，而习之于鬼谷先生。

出游数岁，大困而归。兄弟嫂妹妻妾窃皆笑之，曰："周人之俗，治产业，力工商，逐什二以为务。今子释本而事口舌，困，不亦宜乎！"苏秦闻之而惭，自伤，乃闭室不出，出其书遍观之。曰："夫士业已屈首受书，而不能以取尊荣，虽多亦奚以为！"于是得周书《阴符》，伏而读之。期年，以出揣摩，曰："此可以说当世之君矣。"

——《苏秦列传》

[知识拓展　古希腊演说家]

在战国时代，许多人凭借自己的学问去游说君主。除了知识储备丰富之外，他们还必须口才出众，这样才有可能说服君主采纳自己的意见。这一类人在历史上被称为"纵横策士"，苏秦、张仪就是他们之中的代表人物。

在古希腊时期的欧洲也有一些类似的人，他们以精深智识与雄辩口才四处演说，传播自己的思想。

在古希腊，这种人被称为"演讲家"。演讲家们演说的目的有很多，有些人是为了政治而演说，有些人是为了财富而演说，还有些人只是为了逞口舌之快而演说。古希腊演讲之风盛行的时间大致是在公元前5世纪至前4世纪，这一阶段恰好是希腊的"古典时期"。在这一时期，古希腊的政治、经济、文化发展都极为昌盛，孕育出了无数才学兼备的人。

古希腊的很多著名的哲学家其实就是演讲家，像苏格拉底、柏拉图、亚里士多德等人都是以雄辩的口才征服世人的。他们可以说是西方演讲艺术的奠基者，这种传统被欧洲人继承下来，发展成为今天的演讲艺术。

二十二、战国四公子

[导言]

对于中国人来说，"成语"在语言使用中是不可或缺的，我们今天使用的成语，有很多都出自历史典故。本章的主角是赫赫有名的战国四公子，从他们的历史故事中诞生了许多著名的成语。像"弹铗（jiá）而歌""狡兔三窟""毛遂自荐""窃符救赵"……这些成语都和战国四公子有关。

战国时代的后期盛行养士之风，各个诸侯国都非常重视对外网罗人才、广纳贤士。这四位公子在当时正是以"养士"著称，《史记》评价他们都是有贤能的人。这四位公子分别是孟尝君、平原君、信陵君、春申君，接下来就让我们逐一来了解战国四公子的事迹。

孟尝君名为田文，是齐国的公室贵族。孟尝君十分宽待门客，无论贫富贵贱，他都一视同仁。冯谖（xuān）是孟尝君门客中最著名的一位。冯谖初到孟尝君那里时，孟尝君曾询问管事："冯谖身上有什么本事？"管事回答孟尝君说："冯谖说自己没有什么本领。"孟尝君笑了笑，依然把冯谖留下当成门客对待。不久，冯谖就经常倚在居所的柱子旁唱歌，向孟尝君索要吃的鱼肉、用的车子以及养家的财物。孟尝君身边的人都觉得冯谖贪得无厌，但孟尝君却一一满足了冯谖的要求。冯谖看见了孟尝君礼贤下士的真心，便不再唱歌发牢骚。他出谋划策，为孟尝君收获了民心，铺平了身后的退路，他的一心辅佐，使得孟尝君安居高位数十年。

信陵君名为魏无忌，他的父亲是魏昭王，哥哥是魏安釐（xī）王。信陵君曾两次击败不可一世的秦军，名震天下。同时，信陵君还是一个很讲信义的人。公元前260年，秦国与赵国之间爆发了一场大战，史称"长平之战"。交锋之中，赵国大败，秦军围堵住赵国的都城邯郸，形势非常危急。魏国的国君畏惧秦国的强盛，因此不敢轻易出兵相救。而信陵君听取了门客侯嬴的计策，为了国家的利益与信义，从魏王那里窃取了调动兵权的兵符。最终，在信陵君的努力之下，魏国击败了秦军，成功地为赵国解围。

平原君名为赵胜，是赵国公室成员，从关系上来说，平原君是信陵君的姐夫。同样是在秦军围困赵国邯郸的时候，为了拯救自己的国家，平原君做出了许多努力。被围困之际，魏国与楚国援救赵国的军队尚未赶到，而赵国国内的形势已经十分危急，百姓衣不蔽体，把人的骨头当成柴来烧，交换孩子当饭吃。这个时候，平原君听取了门客李同的建议，将自己家里吃的、用的都分给下面的士兵使用。就这样，赵国组织了一支三千人的敢死队，外出与秦军决战。秦军被这支敢死队击退了三十里，恰在这个时候，魏国与楚国救援的军队赶到了，迫使秦军撤离邯郸。

春申君名为黄歇，是楚国人，他以博闻强识、能言善辩而名闻天下。年轻的时候，春申君曾与楚国的太子熊完一同在秦国做人质。等到楚顷襄王病危之际，春申君与太子熊完已被扣留在秦国十年了。太子熊完想要回国继位，而秦昭王却不太愿意。此时，春申君站出来说服范雎与秦昭王，他说："熊完回去继位，有利于秦楚两国友好发展的关系。"正当秦昭王犹豫是否要放走楚国太子熊完的时候，春申君把熊完装扮成楚国使者的车夫，偷偷将熊完送回国继位，是为楚考烈王。秦昭王知道后大怒，但也没有别的办法，只好将春申君送回楚国。回到楚国后，春申君被任命楚国国相，辅佐朝政。

[精彩原文]

孟尝君在薛，招致诸侯宾客及亡人有罪者，皆归孟尝君。孟尝君舍业厚遇之，以故倾天下之士。食客数千人，无贵贱一与文等。孟尝君待客坐语，而屏风后常有侍史，主记君所与客语，问亲戚居处。客去，孟尝君已使使存问，献遗其亲戚。孟尝君曾待客夜食，有一人蔽火光。客怒，以饭不等，辍食辞去。孟尝君起，自持其饭比之。客惭，自刭。士以此多归孟尝君。孟尝君客无所择，皆善遇之。人人各自以为孟尝君亲己。

——《孟尝君列传》

[知识拓展　俄罗斯十二月党人起义]

在整个人类历史上，像中国的战国四公子那样，积极改变国家命运的贵族阶层在其他国家也曾经出现过。

公元1825年12月，俄国爆发了历史上第一次尝试推翻沙皇统治的武装起义——十二月党人起义。不同于历史上一般的起义，这次起义的主体是俄罗斯的贵族军官。由于起义发生在俄历十二月，因此这些起义者被称为"十二月党人"。

这些参与起义的俄罗斯贵族军官，曾经参与国外的远征，受到西欧启蒙思想的影响。由此，他们对自己国家所实行的农奴制与沙皇专制产生了极大的不满。为了平等自由的信念，也出于爱国的情感，他们秘密地建立了一些组织，试图改造自己的国家。十二月党人对于国家的改造有许多的设想：他们主张在国内实行君主立宪制或共和制，以取代沙皇的独裁；他们主张废除农奴制，让贫苦的农奴获得自由；他们反对旧贵族对教育与文化的垄断，主张为下层的民众设立学校，让每个人都获得受教育的机会。

十二月党人都是贵族出身，而他们的主张却完全地背叛了贵族的利益。因为他们认识到，只有破坏掉原来不合理的制度，才能使得自己的国家强大。于是在公元1825年12月，他们勇敢地发动了武装起义。虽然起义最终以失败告终，但他们作为时代先驱者的形象，永远地在历史中被传颂着。

二十三、先秦诸子

[导言]

春秋战国时期是中国思想史上最光辉灿烂的时代，在这个时代里，杰出的思想家纷纷涌现，竞相建立自己的学派，百家争鸣。

春秋战国时期的思想家们被后人称为先秦诸子。诸，是众多的意思；子，是古代汉语中对男子的尊称。人们因为尊敬这些有思想的人，所以尊称他们为子。尽管各家各派的哲学思想和政治主张各不相同，甚至有些时候是完全对立的，但是他们通过辩论、游说、著书……碰撞出了中国思想史上最光辉灿烂的时期，为后来的中国思想文化发展奠定了基础。他们的很多思想学说一直到今天，还在潜移默化地影响着我们的思维方式和生活方式。

春秋战国时期，诸侯国之间竞争激烈，各个国家都希望能够在竞争之间取得优势，获得胜利。所以，各国君主纷纷向民间发掘有思想有见识的人才，为己所用。这在客观上也促进了春秋战国时期思想学术的产生和发展。

[史记故事]

对整个中国思想文化影响最大的当数儒家学派。儒家由孔子创立，在孟子手上继续发展，荀子则集各家思想的大成把儒家学说发展到新的高峰。

孟子（前372—前289）姓孟，名轲，是鲁国贵族孟孙氏的后裔。孟孙氏衰败后，有一支族人迁徙到了邹国（今山东邹城），是为孟子的先祖。孟子在邹国出生时，距离孔子去世已有一百年左右的时间。与孔子很像，孟子也是落魄贵族的后裔，出身贫寒，又早年丧父，一生的经历也是求学、教书、周游列国。

荀子（前313—前238）姓荀，名况，是战国时期的赵国人。荀子所处的时代，正是百家思想走向整合的时代，这也是他能够集百家大成的原因。荀子有很长一段时间在齐国的稷下学宫讲学。稷下学宫是当时齐国的高等学府与政府智库，荀子在其中享有很高的地位。晚年的荀子著书立说，教学授徒，直到去世。

老子姓李，名耳，是道家学派的创始人，比孔子还要年长，但具体出生、去世在什么时候就不得而知了。老子曾在周朝担任藏室史，相当于皇家图书馆管理员，孔子曾在此期间向老子请教问题。提到老子，孔子对别人说："我见到那老子，他就像龙一样啊！"到了春秋末年，天下战乱频仍，老子辞官归去。他骑着一头青牛，向西而行，走到了函谷关时，受到守城长官的邀请，写下了道家的传世著作《道德经》。

庄子（前369—前286）姓庄，名周，是战国时期的宋国人。庄子在相当程度上继承了老子的思想，同样也是道家的代表人物，后世的人把他们两人合称为"老庄"。不同于老子，庄子已经抛弃了对于政治与权术的思考，将注意力完全放在对心灵自由的追求上。楚王曾想请庄子来为他辅佐朝政，庄子拒绝了带着锦衣玉帛前来相邀的使者，说自己宁可像在泥潭中自由自在摇着尾巴爬行的乌龟一样，也不愿意受到束缚。

墨子（约前468—前376）姓墨，名翟，是战国时期的宋国人。墨子是墨家学派的创立者，他亲近劳动者，其"兼爱""非攻"的思想可以说超越了时代，在人类生产力尚不发达的时候就迸射出了共产主义的光芒。此外，墨子的学说涉及了与数学、物理有关的科学领域，在当时的百家学说中十分独特。墨家在战国时期的影响十分之大，墨家弟子遍布天下、数不胜数，与儒家同为"显学"。

孙子（前545—前470）姓孙，名武，是春秋时期的齐国人。孙子是兵家的鼻祖，后世人称他为"兵家至圣"，其著作《孙子兵法》在人类军事史、哲学史上有着极为重要的地位。孙子与吴国的大臣伍子胥是好友，经过伍子胥的多次举荐，孙子得见吴王阖闾。吴王阖闾见了孙子所写的《孙子兵法》，大为赞叹，任命其为吴国的将领。吴军使用孙子的计策，多次重创越国与楚国，这使得吴国一度十分强大。后来，吴王夫差即位，听信谗言，杀死了伍子胥。孙子便不再为吴国继续效力，隐居乡里，转而修著兵法，没有多久也去世了。

韩非子（前280—前233）姓韩，名非，是战国时期的韩国人。韩非子是法家学派的代表人物，他师从荀子，自己也是一个思想集大成者。韩非子是一个十分有才华的人，但却不得重用，他因此将注意力放在了著书立说上。韩非子的书流传到了秦国，秦王见了非常喜欢，边读边感叹道："我若是能与此人交往，死了也不遗憾！"为了韩非子，秦王出兵攻打韩国。韩王于是派遣韩非子出使秦国。但韩非子还没能得到秦王的重用，就被人挑拨离间，死在秦国的监狱中。

邹子（前324—前250）姓邹，名衍，是战国时期的齐国人。邹衍是阴阳家的代表人物，他的主要学说是著名的"五德终始说"。邹子在先秦诸子中是十分特别的一位，其他先秦诸子或是生平穷困潦倒，或是死时不得善终，而邹子却同时得到了各国国君的礼遇。邹子到了梁国，梁王就来到城郊远远地迎接他。到了赵国，平原君侧身为他拂拭席垫。到了燕国，燕王拿扫把为他清扫道路，还坐在弟子座上听他讲学。

[精彩原文]

驺衍睹有国者益淫侈，不能尚德，若《大雅》整之于身，施及黎庶矣。乃深观阴阳消息而作怪迂之变，《终始》《大圣》之篇十余万言。其语闳大不经，必先验小物，推而大之，至于无垠。先序今以上至黄帝，学者所共术，大并世盛衰，因载其禨祥度制，推而远之，至天地未生，窈冥不可考而原也。……然要其归，必止乎仁义节俭，君臣上下六亲之施，始也滥耳。王公大人初见其术，惧然顾化，其后不能行之。

是以驺子重于齐。适梁，惠王郊迎，执宾主之礼。适赵，

平原君侧行撇席。如燕，昭王拥彗先驱，请列弟子之座而受业，
筑碣石宫，身亲往师之。

——《孟子荀卿列传》

[知识拓展　古希腊四大学派]

在世界的另一端，和先秦诸子时代接近的古希腊时代，
也涌现出了许多伟大的思想家和哲学流派。

泰勒斯是历史上被记录下来的第一位西方思想家，他第
一个提出了"世界的本原是什么"的终极之问，被称为"科
学和哲学之祖"。泰勒斯出身于贵族家庭，早年经商，精通
数学和天文，在政治和工程建造方面也颇有建树，是一位才
能全面的杰出人物。他晚年潜心研究哲学，并开创了米利都
学派（也称爱奥尼亚学派）。

毕达哥拉斯是一个将数学、神学和哲学紧紧联系在一起
的思想家，被称为"数学之父"。他提出了著名的毕达哥拉斯
定理（即勾股定理），还提出了"数是万物的本原"的观点。
为了寻求知识，毕达哥拉斯曾经到古埃及和古巴比伦游历学
习。后来，他开创了毕达哥拉斯学派，主张世界的一切奥秘

都隐藏在数学之中。

赫拉克利特是爱菲斯学派的创始人，他有一句名言"人不能两次踏进同一条河流"，意思是世界上的万事万物都处于变化发展的状态之中。所以他被称为"辩证法的奠基人"。传说，赫拉克利特本来是某个城邦的王位继承人，但他将王位让给弟弟，跑去过更利于自由思考的隐居生活。赫拉克利特还提出了"万物的本原是火"，以及"事物的发展变化是有规律的"等著名思想。

公元前6世纪意大利南部爱利亚城邦兴起了一个叫作爱利亚学派的哲学流派，学派的代表人物有克塞诺芬尼、巴门尼德、芝诺等。这个学派的中心思想是：世界的本原是不变的一。

除了以上提到的四大学派及其代表人物之外，古希腊还涌现出许多影响深远的思想家，比如苏格拉底、柏拉图、伊壁鸠鲁、安提西尼……这些伟大的古希腊思想家，和中国先秦诸子交相辉映，照亮了两千多年前人类思想史的进程。

二十四、屈原

中国是诗歌的国度。两三千年以来，中国的诗歌源远流长，伟大杰出的诗人灿若星河。在中国诗歌史上，第一个留下姓名的伟大诗人叫屈原。

屈原的文学成就非常高，他留下了许多影响深远的伟大诗篇，他不仅是中国古代的伟大诗人，更被世界和平理事会列为世界四大文化名人之一，在今天已成为中国文化的一张名片。不幸的是，在他生活的时代，他的君王因听信了谗言而不再信任他，他的祖国——楚国最终也走向了灭亡。在国破家亡之际，屈原悲愤地投江而死。传说，在屈原投江之后，当地的人们撑舟划船对他进行搜救，后来他们把米团投入江中，防止鱼虾吃掉屈原的尸体。这在后来发展成了"赛龙舟""吃粽子"的传统。

在中国的传统习俗中，每年农历的五月初五是端午节，也是纪念大诗人屈原的重大节日。每年端午节的时候，人们会在门前挂上艾草，到江边进行龙舟竞赛，还会做香喷喷的粽子，美美地吃上几口。千百年来，人们用这些方式表达着对屈原的怀念之情。

[史记故事]

公元前340年，屈原出生在楚国。屈原是楚国的贵族，从小受到了良好的教育，他不是骄奢淫逸的公子王孙，恰恰相反，他从小勤奋好学，志向远大，了解普通民众的生活，十分同情体恤贫苦的百姓。

在二十岁的时候，屈原就在政治上崭露头角。屈原取得了楚怀王的信任，没有多久就开始在楚国实行变法。而与其他国家一样，变法的施行触犯到了旧贵族的利益。

上官大夫向楚怀王进献谗言："是大王您命令屈原撰写法令，这件事没有人不知道，但每条法令一出，屈原就对外人夸耀说：'变法的事情，除了我，没人能做好！'"听闻此言，楚怀王十分生气，于是渐渐疏远了屈原。

楚怀王听信了谗言，将屈原贬官，流放到了汉水之北。屈原感到十分苦闷，于是写下了《离骚》来抒发自己的感情（"离骚"的意思是"遭受忧患"）。当时，秦王用了张仪的计策，离间了楚国与齐国，接着又欺骗了楚怀王。公元前312年，楚怀王出兵讨伐秦国，但两次都被秦国打败，史称"蓝田之战"。战后，秦国欲以汉中之地换黔中之地。但楚怀王表示，楚国不需要汉中之地，只要得到张仪即可。张仪来到楚国，贿赂了楚国的重臣靳尚，又收买了楚怀王的爱妾郑袖，运用计谋，让楚怀王放走了自己。

当时，屈原奉楚怀王之命出使齐国。回国后，屈原问楚怀王为何不杀掉张仪。楚怀王这才反应过来，但已追悔莫及。

后来，各国联合攻打楚国，秦昭王诱骗楚怀王去秦国会面。屈原劝楚怀王不可前往，但楚怀王不听信于屈原，去了秦国，最终被囚禁，身死异乡。

公元前298年，楚顷襄王继位。子兰是楚怀王的小儿子，也是楚顷襄王的弟弟。屈原责怪子兰劝楚怀王入秦，子兰知道后十分生气，又使人在楚顷襄王面前进献谗言，使得屈原被贬谪到了更远的地方。

被贬途中，屈原遇见了一个渔父。渔父问他："您不是屈原大人吗？怎么来到了这里？"屈原回答道："这个世界都是污浊的，唯独我是清白的；世人都已昏醉，唯独我是清醒的。"渔父劝屈原顺从这个世界，但屈原却坚守自己高尚的品格，不肯与世同流合污。屈原不少伟大的传世作品，便是在他流放时期写出来的。

在屈原被放逐的同时，楚国也不断遭遇战事，且连连受挫。在公元前278年，秦国大将白起攻破了楚国的国都郢。得知这一消息后，屈原极度苦闷，这位伟大的爱国诗人纵身跃入汨罗江（在今天的湖南），终年六十二岁。

[精彩原文]

屈原者，名平，楚之同姓也。为楚怀王左徒。博闻强志，明于治乱，娴于辞令。入则与王图议国事，以出号令；出则接遇宾客，应对诸侯。王甚任之。

上官大夫与之同列，争宠而心害其能。怀王使屈原造为宪令，屈平属草稿未定。上官大夫见而欲夺之，屈平不与，因谗之曰："王使屈平为令，众莫不知，每一令出，平伐其功，以为'非我莫能为'也。"王怒而疏屈平。

——《屈原贾生列传》

[知识拓展　荷马与《荷马史诗》]

屈原是中国历史上最伟大的诗人之一，他的作品想象瑰奇，开辟了中国诗歌浪漫主义的传统。而在公元前9世纪的古希腊，也有一位十分伟大的诗人，他的名字叫作荷马。荷马的《荷马史诗》包括了《伊利亚特》与《奥德赛》两部分，史诗记述的是公元前12世纪到公元前11世纪的特洛伊战争。

是否真的存在"荷马"这一人，历史学界还有很多争议，但我们能见到的《荷马史诗》却是真切无疑的。《伊利亚特》集中地记述了特洛伊战争最后几十天发生的事情，《奥德赛》则叙说了英雄奥德修斯在战争过后的十年海上漂流的故事。除了故事本身，《荷马史诗》还广泛地涉及了古希腊地区的历史、民俗、地理等内容。

自诞生后的几千年来，《荷马史诗》一直被认为是西方最伟大的文学作品，它开创了西方文学重视叙事的传统。而正因这部作品，传说中的荷马也被誉为西方文学的鼻祖。

樂毅論

夏侯泰初

世人多以樂毅不時拔莒即墨

論之

夫求古賢之意宜以大者遠者先之必迂迴

而難通然後已焉可也今樂氏之趣或者其

未盡乎而多劣之是使前賢失指於將來

不亦惜哉觀樂生遺燕惠王書其殆庶乎

機合乎道以終始者與其喻昭王曰伊尹放

大甲而不疑大甲受放而不怨是存大業於

至公而以天下為心者也夫...

二十五、乐毅

[导言]

在中国古典小说《三国演义》里，诸葛亮料事如神、鞠躬尽瘁的形象可谓是家喻户晓、深入人心。在小说中，诸葛亮常常自比"管乐"。"管"指的是春秋时期的管仲，他是辅佐齐桓公成就霸业的内政谋臣；而"乐"便是战国时期的乐毅，他是率领燕国以弱胜强、打败齐国的军事名将。

与人们心目中普通的军事将领不太一样，乐毅不仅是一位能征善战的将领，还是一名宅心仁厚的儒者。他文化素养极高，不贪恋荣华富贵，在建立功业之后悄然隐退，是一个人格气质极富传奇色彩的人物。

接下来，让我们一起走进乐毅将军的传奇人生。

乐毅的先祖是乐羊。乐羊是魏文侯手下的一名将领，他曾率领军队攻破中山国，魏文侯便将他封赏在了灵寿（今河北石家庄内）这个地方，子孙世代都居住于此。灵寿原属中山国，后来赵国攻灭了重建的中山国，乐毅出生的时候，灵寿已经是赵国的领地，因此乐毅是赵国人。

乐毅少有贤名，喜欢军事，曾被人举荐出来做官。公元前295年，赵武灵王遭受沙丘之乱，乐毅离开赵国，来到了魏国。在那段时间，燕国被齐国攻打，遭受了屈辱，为了报仇雪恨，燕昭王招揽天下名士，皆以礼相待。正好在这时，乐毅奉魏王之命出使燕国，燕昭王以重礼相待，而乐毅谦让推辞。乐毅看到了燕昭王寻求贤才的真心，就向燕昭王献上礼物，表示愿意成为燕国的臣子。

燕昭王常记复仇之志，但齐国是一个强大到可以与秦国争夺霸主的国家，而燕国则地狭民贫，十分弱小。于是，燕昭王向乐毅询问意见。乐毅建议燕昭王联合其他国家一起攻打齐国，由于齐王十分骄横跋扈，所以各国纷纷表示愿意与燕国联合，同去讨伐齐国。

燕昭王调动了全国的兵力，以乐毅为统帅，赵王甚至将相国印交给乐毅，让乐毅统一指挥着燕、赵、韩、魏、楚五国军队前去讨伐齐国。齐国在交锋中大败，此时，各国都将军队撤回，停止对齐国的攻击，唯有乐毅一直率领着燕军追击逃敌。乐毅率军一直攻打到了齐国的都城临淄，途中缴获了大量战利品，统统运回了燕国。燕王大喜，亲自来到军营中，用酒食犒赏兵士。

乐毅整整五年在外对齐作战，攻打下了齐国七十多座城邑，因功受封"昌国君"。公元前279年，燕昭王去世，儿子继位为燕惠王。燕惠王曾对乐毅有所不满，齐国借此机会，派人离间燕惠王和乐毅，使得燕惠王用别的将领取代了乐毅。乐毅心中明白，燕惠王已经不再信任自己，担心回燕国之后被杀害，就躲到了赵国。赵王以重礼相待，将乐毅封为"望诸君"，以此来震慑燕国和齐国。

自乐毅被取代后，齐国一转颓势，大败燕军，收复了所有丢失的土地。燕王这才对逼走乐毅这件事情追悔莫及，他派人到赵国去向乐毅道歉。乐毅就写下了传世的《报燕惠王书》。他在给燕王的回信中说明了自己离开燕国的理由，暗暗讽刺燕惠王昏庸失察，最后表示自己虽然离开了燕国，但绝不会做对燕国不利的事情。

后来，燕惠王把乐毅的儿子乐间封为"昌国君"。而乐毅也常常往来于赵国、燕国之间，两国都将他奉为座上之宾。

在这之后，乐毅再未参与战事，于赵国安度晚年。

汉高祖刘邦曾来到赵国的故地。他问当地人："乐毅有后代吗？"回答说："有一个乐叔。"汉高祖就封乐叔为"华成君"。除了乐叔外，乐家还有乐瑕公、乐臣公，他们都是在赵国要被灭掉的时候逃到齐国的。其中的乐臣公擅长研究黄帝、老子的学说，名气很大，齐国的人都称他为贤师。

[精彩原文]

乐毅还报，燕昭王悉起兵，使乐毅为上将军，赵惠文王以相国印授乐毅。乐毅于是并护赵、楚、韩、魏、燕之兵以伐齐，破之济西。诸侯兵罢归，而燕军乐毅独追，至于临菑。齐湣王之败济西，亡走，保于莒。乐毅独留徇齐，齐皆城守。乐毅攻入临菑，尽取齐宝财物祭器输之燕。燕昭王大说，亲至济上劳军，行赏飨士，封乐毅于昌国，号为昌国君。于是燕昭王收齐卤获以归，而使乐毅复以兵平齐城之不下者。

——《乐毅列传》

[知识拓展　"现代军神"蒋百里]

在中国近现代历史上，也曾经出现过一个军事理论成就、文化素养和艺术修养都极高的天才型人物，他就是蒋百里。

蒋百里（公元1882—公元1938）被誉为现代军神，他先后参加过护法运动、北伐战争以及抗日战争，是中华民族崛起进程中的伟大贡献者。蒋百里是一位乐毅式的人物，不仅在军事领域有突出的贡献，积极参与对日作战，写下了《军事常识》这本中国近代军事理论的开山之作，而且他文化修养极高，他写的《欧洲文艺复兴史》是中国最早介绍文艺复兴的专著。

蒋百里的女儿蒋英是一位歌唱家。当年在德国学钢琴时，她写信告诉父亲，自己在钢琴技术上遇到了瓶颈，无法突破，因此十分很苦闷。蒋百里回信告诉女儿，一切艺术遇到瓶颈，都应该去社会、生活中寻求灵感。蒋百里的回答充满了关于生活与真理的哲思，这位军人在面对女儿时，即刻化为一位深沉的慈父与哲人。他的智识完全超出了军事领域，是一位天才型的人物。

二十六、白起

[导言]

　　本章的主角白起同样是一个军事天才，但在性格特质及其他方面则和乐毅完全不同，他残酷嗜杀，贪恋权势，就如同是乐毅的镜像人物。

　　白起一生中领导的最为著名的战役，当数秦国与赵国之间的长平之战。长平之战中，赵国的军队全军覆没，被白起坑杀四十万人，而秦国军队的伤亡也接近二十万。长平之战可以说是战国时期，乃至于整个冷兵器时代规模最大、伤亡最惨烈的战役。长平之战成为战国时代各国军事对抗局势的转折点，自此以后秦军所向披靡，秦国统一天下的胜势不可逆转。而领导这场战役的白起也名载史册，历史上对他的评价也褒贬不一，他既是名传千古的"武庙十哲"之一，又被指责为嗜血成性的屠夫。接下来，就让我们一起来了解白起的传奇人生。

[史记故事]

在白起活跃的历史年代，秦国已经通过商鞅变法变得十分强大了。白起是平民出身的将领，他通过一步一步地积累军功，晋升为秦国的大将。公元前293年，在秦国对韩、魏两国的作战中，白起展示出了他惊人的军事天赋，一举剿灭韩魏联军二十余万人，一战成名，此战史称"伊阙之战"。

伊阙之战让秦国东进的计划有了良好的进展，此时，秦国就开始将目光投向南面的大国——楚国。从公元前280年开始，白起率军两度伐楚，攻占了楚国大片的土地，在公元前278年，楚国的国都被攻破，历代楚王的坟墓都被烧毁，也就是在听闻此噩耗之后，屈原跳江而亡。在白起的猛攻之下，楚国一蹶不振，再也无力与秦国抗衡。伐楚一战，白起名震天下，受封为武安君。

伐楚之后，秦国继续向东面展开攻势，赵国首当其冲，公元前262年，秦赵在长平大战。在对垒之初，赵国任用廉颇为将，廉颇看准了秦军补给线绵长的劣势，采用坚守的策略。赵国拒绝主动出击，这让秦军无法突破防线，两军形成了对峙。这对峙共持续了三年，秦军兵力与军心都被大大消耗。于是，秦国就使反间计，离间赵王和廉颇之间的关系，最后让"纸上谈兵"的赵括替代廉颇为主将。秦国见到计谋得逞，就派出白起奔赴前线领军。战争的最后，秦军切断赵军的粮道，于公元前260年大败赵军，白起担心赵军在背地里反抗，于是就坑杀了四十万已经投降的士兵，只留下两百多个年龄小的放归赵国。

长平之战后，赵国国都邯郸被围，所幸当时魏、楚联军赶到，暂时击退了秦军，赵国才避免了亡国的命运。而白起本想着继续追击灭亡赵国，赵国惊恐，就派人带着重金前去游说秦相范雎。范雎担心白起攻灭赵国之后功劳超过自己，就以军队疲惫、需要休整为理由，劝说秦王停战，允许赵国割地求和。秦王应允了范雎的建议，白起听闻后就与范雎有了矛盾。没有多久，秦国又再次起兵攻打赵国，而恰逢此时，白起患病无法统军。秦国任用王陵、王龁等人为将围攻赵国，却久久不能攻破。白起向秦王进谏，说此时不宜向赵国用兵，而秦王不听，继续向前线派出增援部队。前线战败的消息频频传来，白起埋怨秦王不肯听自己的计策，秦王知道后大怒，命令白起带病出征。

但不知道为什么，白起收到命令之后并没有即刻出发，秦王就将战败的事情迁怒于白起。范雎就对秦王说，白起不肯奉命，必是因为对秦王有所不满，且他对秦国的功劳颇大，有所依凭。秦王也觉得白起功高震主，不可久留，就派使者赐剑，命令白起自刎。自刎之时，白起仰天长叹："我有什么样的罪过，竟沦落到如此下场？"沉默了好一会儿，他又自道："我的确该死，长平之战，我骗降了赵军几十万人，将他们全部坑杀，就此事而言，我足以去死了。"

白起死后，秦国的国人都十分惋惜，认为他死非其罪，于是在地方乡邑建祠祭祀他。

[精彩原文]

至九月，赵卒不得食四十六日，皆内阴相杀食。来攻秦垒，欲出。为四队，四五复之，不能出。其将军赵括出锐卒自搏战，秦军射杀赵括。括军败，卒四十万人降武安君。武安君计曰："前秦已拔上党，上党民不乐为秦而归赵。赵卒反覆，非尽杀之，恐为乱。"乃挟诈而尽坑杀之，遗其小者二百四十人归赵。前后斩首虏四十五万人。赵人大震。

——《白起王翦列传》

[知识拓展　斯大林格勒保卫战]

长平之战是整个战国时期的军事局势转折点，也是战国时期伤亡最惨烈的战役。这场战役以秦国战胜赵国而告终，从此战国时代获胜的天平开始向秦国倾斜。

斯大林格勒保卫战是第二次世界大战的转折点，发生在公元1942年7月，于公元1943年2月以苏联胜利告终。

在苏联，斯大林格勒（今俄罗斯伏尔加格勒）有着极为重要的战略地位，它是连接南北的交通咽喉，其南方是苏联重要的粮食、石油产区，北方就是国家的政治心脏莫斯科。正是由于斯大林格勒有着极为重要的战略价值，德国决定派军攻打这座城市。斯大林格勒保卫战战况十分惨烈，德国派出二百万人发起进攻，而苏联则有三百万军士誓死保卫。最终德国伤亡一百五十万人，苏联伤亡二百万人，苏联取得了胜利。

可以说，斯大林格勒保卫战是近现代历史上伤亡最惨烈的战役，但这场战役最终使得德国纳粹的元气大伤，苏联夺得战略主动权。而斯大林格勒保卫战也成为第二次世界大战的一场决定性战役，是使反法西斯战争的走向发生重大转折的标志性事件。

二十七、鲁仲连

[导言]

在中国古代，有许多名望极高却不愿意出仕为官的人，这些人被称为"名士"。能够被称为名士的人，各方面的能力往往很出众，只要出手就能解决许多纷争，所以无论是各诸侯国君主还是官员对他们都充满了敬意。但名士们却不贪恋荣华富贵，他们愿意在国家危难之际出手相助，济弱扶倾，更愿意在危机解除之后拂身而去，在山河大海之间自由徜徉。

秦国即将统一天下的战国末期，是一个名士辈出的时代，鲁仲连就是其中的代表人物。鲁仲连反感秦国的蛮横与霸道，在赵国即将向秦国称臣的时候，站出来以雄辩的口才阻止了这件事情的发生，使赵国的国祚（zuò）延长了三十多年。

鲁仲连是齐国人，他胸中有许多奇特不凡的谋略，但和一般的谋士不一样，他为了保全高风亮节，拒绝到诸侯国中做官任职。

鲁仲连四处游历，曾经客居赵国。其间，赵国刚经历了长平之战的大败，秦军继续向东推进，紧紧地包围了赵国的国都邯郸。魏安釐王派晋鄙率军营救赵国，但由于畏惧秦军，魏国的军队驻扎在汤阴（今河南安阳）就不敢继续前进了。

魏王悄悄派遣使者新垣衍来到赵国，通过平原君面见赵王说："秦国起兵的真实目的并不是贪图赵国，而是想要称帝，如果赵国能够派遣使者到秦国，尊秦王为帝，那么秦王一定会很高兴地撤军。"

正在平原君对这一建议犹豫不决时，鲁仲连请求平原君，让自己前去驳斥魏国使者新垣衍。

鲁仲连见到了新垣衍，却一言不发。新垣衍就先开口说："我看围困在这座城中的人，都是有求于平原君的人。我见先生尊容，不像是这类人，为何久久留此不去呢？"鲁仲连听罢新垣衍的话，先是在众人面前细数秦国的罪恶，又对新垣衍说道："我此番前来见您，是想要帮助赵国。"

为了让魏国看清秦国称帝之后的祸患，鲁仲连接着说道：

"从前，九侯、鄂侯、文王是商纣王的三个诸侯。九侯有个女儿长得美丽，把她献给纣王，但纣王认为她长得丑陋，就把九侯剁成肉酱。鄂侯为此激烈地谏言，纣王又把鄂侯杀死做成肉干。文王听到这件事，只是长长地叹息，纣王又把他囚禁在羑里监牢内一百天，想要将其处死。"

"如果魏国自比为秦国的仆人，结果又会比九侯、鄂侯好多少呢？况且如今，秦国是拥有万辆战车的国家，魏国也是拥有万辆战车的国家。同样是万乘大国，魏国只看秦国打了一次胜仗就要拥护它称帝，未免有辱颜面！"

"再者，如果秦国称帝，必然会更换诸侯的大臣。秦国将要罢免它不喜欢的，换上它认为有贤能的人。还要让秦的女儿、姬妾嫁给诸侯，住在魏国的宫廷里，如此一来，魏王怎么能安心地生活呢？而将军您又怎么能够得到原先的宠信呢？"

鲁仲连一番雄辩下来，新垣衍哑口无言，站起来向他谢罪，并且表示自己要回魏国去，再也不谈论尊秦称帝的事情了。恰好这时，信陵君窃取魏国兵符，率领军队前来救援，赵国邯郸之围最终得以解决。

事后，平原君想要封赏鲁仲连，但鲁仲连辞让不受，没多久就辞别赵国，终身未再与平原君相见。

　　于是新垣衍起，再拜谢曰："始以先生为庸人，吾乃今日知先生为天下之士也。吾请出，不敢复言帝秦。"秦将闻之，为却军五十里。适会魏公子无忌夺晋鄙军以救赵，击秦军，秦军遂引而去。

　　于是平原君欲封鲁连，鲁连辞让者三，终不肯受。平原君乃置酒，酒酣起前，以千金为鲁连寿。鲁连笑曰："所贵于天下之士者，为人排患释难解纷乱而无取也。即有取者，是商贾之事也，而连不忍为也。"遂辞平原君而去，终身不复见。

——《鲁仲连邹阳列传》

[知识拓展　"两个世界的英雄"拉法耶特]

　　在欧洲历史上，也曾出现过一位和鲁仲连一样能力出众、满怀理想主义的传奇人物，那就是法国的拉法耶特。

　　拉法耶特（公元1757—公元1834）是出身贵族的法国人，他在青少年时期就受到启蒙思想的影响，立志为"平等""民主""自由"等理念奋斗。公元1776年，美国发表《独立宣言》，这时候的拉法耶特年仅十九岁，得知这个消息的他，奋不顾身地前往北美洲参加"独立战争"。在战争中，拉法耶特亲赴前线，用自己的钱来补贴军队的开支，尽己所能，给予反抗英国殖民的人以最大程度的支持。

　　在美国独立战争胜利之后，拉法耶特回到法国，又积极参与了法国大革命。由于参加了美国独立战争又经历了法国大革命，他被称为"两个世界的英雄"。

二十八、吕不韦

[导言]

历史上的吕不韦是一个身份多样的人，他是政治家，是商人，也是一位思想家。吕不韦作为政治家、商人所拥有的地位、财富都随着时间消逝了，只有他召集门客编纂的《吕氏春秋》流传千古。

传世之作《吕氏春秋》是吕不韦在文化领域的突出贡献，是春秋战国以来诸子百家思想的合集。《吕氏春秋》出自众人之手，因此全书各篇文章风格不完全统一，但许多文章都说理精辟，生动畅达，我们常用的成语"刻舟求剑""掩耳盗铃"就出自《吕氏春秋》。在编写的形式上，《吕氏春秋》分为十二纪、八览、六论，《史记》十二本纪、八书、十表、三十世家、七十列传的体例正是从《吕氏春秋》中汲取了养分。

最初，吕不韦是卫国的一个商人，他往来各地，对货物以低价买进，高价卖出，积累起了庞大的家产。

公元前267年，秦昭王的太子去世了。两年后，秦昭王把他的第二个儿子安国君立为太子。安国君有二十多个儿子，其中有个儿子，名叫子楚，但子楚的母亲不受宠爱。于是，子楚就被秦国作为人质派到了赵国。其间，秦国多次攻打赵国，赵国对子楚也不以礼相待。

由于子楚是秦昭王庶出的孙子，在赵国当人质，他日常用度都不富足，生活十分困窘。吕不韦到赵国邯郸去做生意，他见到子楚后很是喜欢，说子楚就像一件奇货，可以囤积居奇，以待高价售出。

于是，吕不韦就前去拜访子楚，对他游说道："秦昭王已经老了，安国君被立为太子。我听说安国君最宠爱的华阳夫人没有儿子，但是，能够选立继承人的只有华阳夫人一个。我吕不韦虽不富有，却愿意拿出家财，来为你去秦国游说，侍奉安国君和华阳夫人，让他们立你为继承人。"子楚于是叩头拜谢道："如果事情成功，我愿意拿秦国的土地与您共享。"

于是，吕不韦先拿出五百金送给子楚，用于日常生活和交结宾客；又拿出五百金买珍奇玩物，自己带着去秦国进行游说。到了秦国，吕不韦先是拜见华阳夫人的姐姐，把带来的东西献给华阳夫人。交谈中，吕不韦顺便谈及子楚聪明贤能，说子楚结交的诸侯宾客遍及天下，并且常常说："我子楚把夫人看成天一般，日夜哭泣思念着安国君和夫人。"华阳夫人的姐姐听了以后非常高兴。

吕不韦乘机让华阳夫人的姐姐劝说华阳夫人："夫人您现在侍奉安国君，虽然被宠爱，却没有子嗣。一旦年老色衰，宠爱也将随之减少。不如趁早在安国君的儿子中选择一个有贤能又孝顺的人，立他为继承人。那么，在丈夫在世时，您会受到尊重，丈夫死后，自己立的儿子继位为王，您最终也不会失势。现在子楚贤能，夫人若真能在此时提拔他为继承人，那么夫人您一生都将在秦国受到尊宠。"

华阳夫人听了深以为然，就劝说安国君将子楚立为太子，又把吕不韦请来给子楚当老师。

吕不韦曾纳赵国的一名女子为妾。有一回，子楚与吕不韦一起饮酒，看到那名女子后非常喜欢，就请求吕不韦把此女赠予他。那名女子此时已有身孕，吕不韦顺势就献出了这个女子。吕不韦隐瞒了那位女子怀孕在身的消息，到十二个月之后，这位女子生下一个儿子，名为政，也就是后来的秦始皇。

公元前250年，子楚继位为秦庄襄王，但三年之后就死去了。太子嬴政继立为王，尊奉吕不韦为相国，称他为"仲父"，吕不韦一时权倾天下。在这期间，吕不韦率领门客编写了传世的《吕氏春秋》。

在晚年的时候，吕不韦受"嫪毐之乱"的牵连，被秦王嬴政罢相，全家流放到蜀地。吕不韦在去往途中服毒自尽。

[精彩原文]

当是时，魏有信陵君，楚有春申君，赵有平原君，齐有孟尝君，皆下士喜宾客以相倾。吕不韦以秦之强，羞不如，亦招致士，厚遇之，至食客三千人。是时诸侯多辩士，如荀卿之徒，著书布天下。吕不韦乃使其客人人著所闻，集论以为八览、六论、十二纪，二十余万言。以为备天地万物古今之事，号曰《吕氏春秋》。布咸阳市门，悬千金其上，延诸侯游士宾客有能增损一字者予千金。

——《吕不韦列传》

[知识拓展　美第奇家族]

吕不韦是商人出身的政治家，他能够获得巨大的政治影响力，离不开其财富的支持。在欧洲，文艺复兴时期的佛罗伦萨也存在着这样跨越政商两界的人物，他们是延绵了几百年的名门望族——美第奇家族。

美第奇家族统治佛罗伦萨的时间长达三个世纪（公元15世纪—公元18世纪）。这个家族从银行业起家，凭借着自身的财富，慢慢积累起政治地位。美第奇家族是佛罗伦萨的实际统治者，在这三百年里，家族中诞生了四位教皇。美第奇家族是一个对文化艺术极为重视的家族，历史上的"文艺复兴"（the Renaissance）就是在美第奇家族的赞助之下发展起来的，诸如马萨乔、布鲁内莱斯基、米开朗琪罗等艺术家都受到过美第奇家族的帮助。

公元1737年，这个昔日昌盛的家族的命运因为绝嗣而终结，美第奇家族从此在历史舞台上消失。

二十九、荆轲刺秦

[导言]

　　现代武侠小说、武侠电影中的主人公往往重义轻利、不畏强暴，人们会把这种见义勇为而把生死置之度外的精神，概括为武侠精神。武侠精神的诞生可以上溯到春秋战国时代，司马迁在《史记》的《刺客列传》《游侠列传》里集中描写了一批具有武侠精神的人物，并给予了他们相当的肯定与赞扬。荆轲就是其中的一位。在司马迁的笔下，荆轲有着强烈的爱憎情感，这种情感培育出一颗惩恶扬善的责任心，促使荆轲抱着必死的决心行刺秦王。

　　荆轲刺秦，实际上就是民间豪侠凭借武力影响政治的表现。在法治体系未能建立起来的时代，使用武力实际上是一种无奈的选择，侠士为情义慷慨赴死，其精神令人动容。

荆轲是卫国人，他喜爱读书与剑术。荆轲早年时四处漫游，而他的传奇，正是从来到燕国开始的。荆轲到了燕国以后，与一个名为高渐离的人成了好朋友。高渐离以宰狗为业，并且擅长击筑（一种弦乐器）。荆轲和高渐离都特别喜欢喝酒，喝醉以后，高渐离击筑，荆轲就和着节拍在街市上唱歌，不一会儿又对着哭起来，就好像身旁没有人一样。

正是在这段时间里，在秦国做人质的燕太子丹逃回燕国。这时候的秦国已经如日中天，力量强大，不断地侵占各个国家的土地。燕王和太子丹无时不为此感到忧虑，思索着对抗秦国的方法。于是，太子丹身边的人就向他举荐了居留在燕国的荆轲。

太子丹对荆轲说道："如今的秦国实在是太过强大了，诸侯都畏惧秦王，没有人敢再提'合纵'的事情了。但我有一个计策，想请您身往秦国，以重利引诱，趁机接近秦王，逼迫他归还侵占的各国土地，如果不行，就趁势杀死他。秦国内部发生动乱，东方六国就能联合起来一起抵抗秦国了。"

起初，荆轲推辞了一番，但在太子丹一再请求之下，还是接受了刺杀秦王的委托。太子丹花重金派人找来了天下最锋利的匕首，给匕首淬上剧毒，并且派了一位名为秦武阳的燕国勇士给荆轲做助手。这是一次有去无回的任务，临行前，太子丹与他的宾客们都着白衣白帽给荆轲送行。到了易水岸边，高渐离击筑，荆轲和曲高歌，声音苍凉凄婉。

到了秦国，荆轲以燕国使者的身份求见秦王，要将燕国的地图献给秦王。秦王知道后十分高兴，安排了隆重的仪式接待荆轲。见到秦王，荆轲取出地图献上。图卷展开直到尽头，匕首露了出来。荆轲趁机抓住秦王的衣袖，拿起匕首直刺。这一击被秦王躲开，荆轲继续追逐秦王，秦王绕柱奔跑。周旋了好一会，秦王才拔出剑反击。荆轲被击中了左腿，就将手中的匕首向秦王丢掷出去，却没能击中秦王。秦王接连攻击荆轲，荆轲被刺伤八处。荆轲自知大事不能成功了，就倚在柱子上大笑，坐在地上骂道："没能杀你，是因为我想活捉你，迫使你归还诸侯们的土地，以回报太子！"这时候，侍卫们才冲上前来杀死了荆轲。

遭遇了刺杀的秦王大发雷霆，即刻派出军队去攻打燕国，很快就攻下了燕国的国都，又在之后的五年里彻底灭亡了燕国。

灭亡了燕国后，秦王很快吞并了天下，号为始皇帝。秦始皇通缉与太子丹、荆轲交好的人，最终找到了高渐离的下落。高渐离击筑技艺高超，听过其乐声的人，没有不被感动得流泪的。秦始皇知闻，怜惜高渐离，赦免了高渐离的死罪，改为熏瞎他的眼睛，将其安排在宫中击筑。

在一次为秦始皇击筑的过程中，高渐离把事先灌了铅的筑举起投向秦始皇，却没有击中。于是，秦始皇就杀了高渐离，并再也不敢接近之前东方六国的人了。

[精彩原文]

轲既取图奏之秦王，发图，图穷而匕首见。因左手把秦王之袖，而右手持匕首揕之。未至身，秦王惊，自引而起，袖绝。拔剑，剑长，操其室。时惶急，剑坚，故不可立拔。荆轲逐秦王，秦王环柱而走。……方急时，不及召下兵，以故荆轲乃逐秦王。而卒惶急，无以击轲，而以手共搏之。……秦王方环柱走，卒惶急，不知所为，左右乃曰："王负剑！"负剑，遂拔以击荆轲，断其左股。荆轲废，乃引其匕首以擿秦王，不中，中桐柱。秦王复击轲，轲被八创。轲自知事不就，倚柱而笑，箕踞以骂曰："事所以不成者，以欲生劫之，必得约契以报太子也。"于是左右既前杀轲，秦王不怡者良久。

——《刺客列传》

[知识拓展　萨拉热窝事件]

在人类历史重要的转折时期，经常会出现重要政治人物被刺杀的事件。比如20世纪的第一次世界大战就是由一个刺杀事件所引发的。

19世纪到20世纪初，欧洲大陆上盘桓着一个超级大国——奥匈帝国。在对外扩张的进程中，奥匈帝国于公元1908年吞并了波斯尼亚。因此波斯尼亚的土地上充满了对奥匈帝国的仇恨，但帝国傲慢的皇室对此似乎毫不知情。

公元1914年6月28日，奥匈帝国在波斯尼亚举行针对塞尔维亚的军事演习，帝国的皇储斐迪南大公带着他的妻子前来检阅。这一天恰好是塞尔维亚的国耻日（公元1386年6月28日塞尔维亚被土耳其人征服），奥匈帝国充满挑衅意味的举动激怒了塞尔维亚人。当时有一个名为普林西普，年仅十九岁的青年学生，心中燃烧着民族屈辱的怒火，就在斐迪南大公与其妻子乘车进入公众视野的时候，向他们开了枪。子弹击中了斐迪南大公的颈部、斐迪南夫人的腹部，两人双双毙命。

这次刺杀史称"萨拉热窝事件"，它促使由奥匈帝国、德国、意大利组成的同盟国与由英国、法国、俄国组成的协约国开战，是第一次世界大战的导火索。

三十、秦始皇统一中国

[导言]

早期的朝代，无论是夏朝、商朝还是周朝，都不是一个完全统一的社会。例如，商朝的国家组织形式是"方国联盟"，这时候的国家实际上相当于许多部落的联合体。而周朝的国家组织形式是"封邦建国"，这时候的国家实际上相当于许多小国的联合体。

不管是部落的联合还是小国的联合，不同区域领属之间的人们交流并不密切，生活中的方方面面都有着极大的差别，甚至无法听懂对方说的话，看不懂对方写的字。而今天的中国有着十四亿多人口、九百六十万平方千米的土地，一个人无论走到哪里，都能凭借着普通话和规范汉字与人毫无障碍地交流，这种伟大的统一在几千年前的夏商周时代是不可想象的事情。

而这一切都始于"秦始皇统一中国"这个划时代的历史事件。秦朝缔造了一个完全统一的国家，将整个民族连接成为一个统一的整体。

[史记故事]

早先的时候，秦庄襄王在赵国当人质，见到了吕不韦的姬妾，很是喜欢，于是将她娶了过来。公元前259年，这名姬妾为秦庄襄王生下一个儿子，名字叫作嬴政，这就是后来的秦始皇。秦庄襄王去世的时候，年仅十三岁的嬴政继位为秦王。当时的秦国向西已经吞并了巴蜀（今天的四川、重庆）；向南击败了楚国，设立南郡（今天的湖北）；向北则收取了上郡、上党等地（今天的陕西、山西）；向东彻底灭亡周朝，设立了三川郡（今天的河南）。吕不韦任秦国的国相，号为"文信侯"，他广招天下士人，想要让秦国完全统一天下。李斯、蒙骜等名臣猛将都在秦国任职。秦王嬴政刚刚即位的时候年纪还比较小，国家的大事都交由大臣们打理。

等到嬴政慢慢成长起来，他像祖父辈们一样富有进取心，带领整个秦国走向了巅峰。公元前236年，燕、赵两国发生战争，秦国以援救燕国的名义出兵，大将王翦率军攻下赵国大片郡邑。公元前230年，内史腾灭韩；前225年，王贲灭魏；前223年，王翦灭楚；前221年，王贲灭齐。秦国在大约十年的时间内，以疾风怒涛的气势彻底扫灭六国，又在公元前219年出军平定南方百越（广西、广东、福建等地）。公元前221年，秦国彻底地统一了天下，成为中国历史上第一个君主专制国家，开启了中国大一统的时代。

统一中国后，嬴政认为自己的德行、功劳超过上古时代的三皇五帝，于是就取"皇帝"作为君主的称号，自称"始皇帝"，子孙后代称二世、三世至于万世，世代无穷。

秦始皇曾和大臣们一同讨论，如何治理这样一个广大的国家。丞相王绾建议，将诸侯的后代们立为王，封于原来的疆域。而廷尉李斯则建议取消分封制，以郡县制统摄整个国家的疆土，如此一来，整个国家就便于治理，团结而没有二心。秦始皇采纳了李斯的建议，把全国分为三十六个郡，每个郡都设立郡守，负责总管一郡的行政；设立郡尉，掌管一郡的军务；设立郡监，负责监察郡县的各种政务。

为了避免民间发生叛乱，秦始皇就把天下的兵器都搜罗起来，聚集到了首都咸阳，用烈火把它们熔铸成了铜钟以及十二个铜人，每个铜人有千石粮食这么重，把它们摆放在宫廷中。此后，秦始皇又统一全国的法令，确定度量衡单位的标准，规定好车子两轮之间的距离，采用小篆作为全国统一书写的文字。秦国的疆土向东延伸到了今天的渤海地区，向西到达今天的甘肃，向南扩大到今天的广东，向北直抵今天的内蒙古。秦始皇又使全天下的富豪全部迁徙到首都咸阳，共十二万户。又命人仿造每个被他灭亡的诸侯国的宫殿，建在咸阳的北坡，空中的栈道、巨大的楼阁相连不断，并把从诸侯国中掳掠而来的美女、钟鼓乐器都安置在其中。

[精彩原文]

分天下以为三十六郡，郡置守、尉、监。更名民曰"黔首"。大酺。收天下兵，聚之咸阳，销以为钟鐻，金人十二，重各千石，置廷宫中。一法度衡石丈尺。车同轨。书同文字。地东至海暨朝鲜，西至临洮、羌中，南至北向户，北据河为塞，并阴山至辽东。徙天下豪富于咸阳十二万户。诸庙及章台、上林皆在渭南。秦每破诸侯，写放其宫室，作之咸阳北阪上，南临渭，自雍门以东至泾、渭，殿屋复道周阁相属。所得诸侯美人钟鼓，以充入之。

——《秦始皇本纪》

[知识拓展　马其顿王国]

秦朝是一个短命的王朝，但它在历史上首次完成了中国的大一统，影响巨大。几乎同一时代，欧洲大陆上出现了一个与秦王朝命运极为相似的王国——马其顿王国。

马其顿王国本是希腊西北部的一个王国，国王腓力二世在位期间（公元前4世纪）基本完成了希腊本土的统一，腓力二世之子就是历史上著名的亚历山大大帝。公元前336年，马其顿王国在亚历山大的带领之下成为一个横跨欧亚非的帝国，此时的它被称为"亚历山大帝国"（Hellenistic Age）这个庞大的帝国拉开了希腊化的帷幕。在帝国的统治范围内，亚历山大将希腊文化推而广之，许多区域的语言文字、风俗习制都被打上希腊文明的烙印。

公元前323年，亚历山大大帝去世。为了争夺帝国的领导权，他昔日的将领们相互攻伐，使得亚历山大帝国瓦解，一分为三。亚历山大帝国存在的时间仅仅只有十三年，但它开启的希腊化时代，给整个欧洲带来了文化上的心理认同。

三十一、陈胜吴广起义

北京天安门广场的中心屹立着三十七米高的人民英雄纪念碑，"人民英雄永垂不朽"八个金色大字的下方就是人民英雄浮雕。由汉白玉制成的浮雕共十块，镶嵌在人民英雄纪念碑的基座四面。从东面起，依照历史顺序，浮雕讲述了近代以来从鸦片战争到解放战争的民族抗争史。每个浮雕中的人物，大小都与真人一致，面貌、神情与姿态都各不相同，他们没有具体的姓名，是一个又一个无名英雄的代表。

人民永远是历史的主体，是历史进步的推动者和缔造者。两千两百多年前的秦朝，由陈胜、吴广领导的"大泽乡起义"是中国历史上最著名的农民起义。参与这次起义的都是受统治阶层压迫的穷苦平民百姓，陈胜与吴广是他们的领导者。

大泽乡起义的英勇壮举，千百年来一直鼓舞着底层人民反抗暴政的勇气和决心。陈胜在这次起义中喊出的时代最强音，久久回荡在中国历史的天空——"王侯将相宁有种乎？"

[史记故事]

陈胜年轻的时候和同伴一起在田间帮别人耕地。有一天，陈胜在田边的高地休息，怅然叹息了许久，对同伴说："有朝一日有谁变得富贵了，可不要忘记了当年一起辛苦的同伴。"同伴们笑话他说："你给别人耕地，哪里能谈得上富贵啊！"陈胜又长叹一声，说："燕雀怎么能知道鸿鹄的志向呢！"

在公元前209年，朝廷征了九百个穷苦百姓去戍守边境，队伍临时驻扎在大泽乡。陈胜、吴广都被编进了这支队伍，并担任队长。当时恰好碰上大雨，前进的道路阻塞不通，估计已经误了报到的期限。如果延误了期限，按秦朝的法律，就要被斩首。于是，陈胜和吴广商量说："现在逃跑，被抓回来是死，起兵造反也是死，反正一样是死，倒不如为国事而死，如何？"陈胜说："百姓被秦朝奴役，痛苦不堪。我听说秦二世是始皇帝的小儿子，不该立为国君，本应为君的是长子扶苏。扶苏因多次劝谏始皇，被始皇派到边疆统兵。最近传闻说，二世将他杀害。百姓大多只听说他很贤明，却不知道公子扶苏现在已经死了。项燕担任楚国将领的时候，多次立功，又爱护士卒，楚国人很敬爱他。有人认为他战死疆场，有人认为他逃走了。如果我们现在以公子扶苏和项燕的名义，冒充为他们的军队，发出号召，定会有很多人前来响应。"

吴广觉得陈胜说得很有道理，两人于是前去算卦。算卦的人知道陈胜和吴广的意图，说："你们能够成事，建功立业。但这件事情，你们还是去问问鬼神吧！"

听罢，陈胜、吴广很高兴，两人又思索算卦人所说的话，终于悟出"询问鬼神"实际上是让他二人在众人里树立威信。于是，两人用朱砂在绸布上写了"陈胜王"三个字，再把绸布塞进一条鱼肚子里。

队伍中的一位士兵将这条鱼买了回来，发现了鱼肚中的绸条。大家都对此感到惊奇。陈胜又暗中让吴广藏在驻地旁的神庙里，天黑以后点上灯，学着狐狸鸣叫："大楚兴，陈胜王。"队伍里的士兵整夜都心惊胆战，次日白天，大家到处谈论这件事情，指指点点地看着陈胜。

后来，押送队伍的两个军官喝醉了，吴广故意提出要逃走，惹怒了秦朝军官。那两个军官鞭打了吴广，对此士兵们都感到愤愤不平。惩罚了吴广后，其中一个军官正准备拔出剑来警告众人。此时，吴广一跃而起，夺过剑来杀死了他。

陈胜协助吴广，一同把另外的军官杀死。

　　陈胜把大家都召集起来说："现在遇到大雨，超过了规定到达边境的期限。过期就要被杀头。大丈夫不死就算了，要是死就一定要干出一番大事业。王侯将相难道是天生的吗？"听罢，众人都听从陈胜的号令，冒充成了公子扶苏和项燕的队伍，开始进行反抗秦朝统治的战斗。

　　陈胜起兵之后，各郡县受压迫的人都纷纷起义，响应陈胜的号召。陈胜领导的大泽乡起义就像火种一样，点燃了整个秦末农民起义，重创秦朝统治。公元前207年，也就是大泽乡起义后不久，秦朝在天下人的共同反抗之下灭亡了。

[精彩原文]

　　二世元年七月，发闾左适戍渔阳，九百人屯大泽乡。陈胜、吴广皆次当行，为屯长。会天大雨，道不通，度已失期。失期，法皆斩。陈胜、吴广乃谋曰："今亡亦死，举大计亦死，等死，死国可乎？"……乃丹书帛曰"陈胜王"，置人所罾鱼腹中。卒买鱼烹食，得鱼腹中书，固以怪之矣。又间令吴广之次所旁丛祠中，夜篝火，狐鸣呼曰"大楚兴，陈胜王"。卒皆夜惊恐。旦日，卒中往往语，皆指目陈胜。

——《陈涉世家》

[知识拓展　古罗马斯巴达克起义]

就像中国的陈胜、吴广反抗秦朝一样，古代欧洲历史上也出现过底层人民揭竿而起反抗暴政的历史事件，比如说古罗马时代的斯巴达克起义。

古罗马帝国一直实行奴隶制度。奴隶主们强迫奴隶在庄园中为自己劳动，甚至驱使奴隶建造巨大的角斗场，命令他们互相角斗，至死方休。

这种残酷的统治招来了无数次奴隶们的武装反抗，其中，最为著名的是斯巴达克起义（The War of Spartacus）。斯巴达克起义发生在公元前73年至公元前71年，正处于罗马的共和国时期，是古罗马历史上爆发的最大的一次起义。这次起义由一位名叫斯巴达克的角斗士带领，有数万名奴隶参加，声势浩大，以至于迫使罗马元老院宣布整个国家进入紧急状态。但起义军最终还是被三巨头之一的克拉苏率军全歼，斯巴达克也在战争中壮烈牺牲。

这次起义给罗马人带来巨大的震撼，它促使罗马的统治者重新思考奴隶的生存状况，令奴隶主们改变了对待奴隶的态度与方式。其影响不仅仅局限于当时当地的罗马，后世有许多奴隶起义都以"斯巴达克"为名，这场起义在人们心中已然成为反抗压迫的代名词。

三十二、西楚霸王

[导言]

　　《史记》一共有十二篇"本纪"。"本纪"这种体裁原本是为帝王所设立的。可是，在《史记》十二篇本纪记载的主要人物中，有两位并没有做过帝王。其中一位是汉高祖刘邦的妻子吕后，另一位就是项羽。吕后虽然没有做过帝王，但是实际掌握过国家的最高权力，也可以勉强算作帝王。而在众多本纪人物中，项羽是唯一一位没有做过帝王，也没有掌握过最高权力的人物，他是一个充满悲情色彩的失败英雄。

　　千百年来，后世的人们对于项羽的评价往往是两极分化的。比如宋代王安石在诗歌《乌江亭》中对项羽刚愎自用、

有勇无谋的缺点做出了批评："百战疲劳壮士哀，中原一败势
难回。江东子弟今虽在，肯与君王卷土来？"而李清照的诗
歌《夏日绝句》却对项羽英雄式的不屈形象给予了颇多赞扬：
"生当作人杰，死亦为鬼雄。至今思项羽，不肯过江东。"

　　到底应该如何评价项羽这位历史人物？接下来，就让我
们一起来认识司马迁笔下的项羽，纵览他那叱咤风云的一生，
然后去寻找我们每一个人心中的答案。

[史记故事]

　　项羽的父亲是楚国的将领项燕，项燕在与秦将王翦的作
战中被击败，然后自杀了。项羽于是在叔父项梁身边长大，
在项羽童年的时候，秦朝已经统一了天下。

　　小时候，项羽读过一些书认识一些字，也学习过剑术，
但都没有坚持下去。项梁对此很生气，项羽却说："读书识字，
用来记住姓名就够了，剑术只能敌一人，不值得去学，我要
学万人敌的本事。"后来，项梁又教项羽兵法，项羽很高兴，
但还是没能学到底。有一回，秦始皇外出巡游，项梁和项羽一
同前去观看，项羽就指着秦始皇说："我可以取代那个人。"项

梁急忙捂住项羽的嘴巴，也正因这件事情，项梁觉得项羽很不一般。

多年过去，项羽已经成长为一个身高八尺有余的男儿，力气大到能把鼎扛起来，勇武超过常人，当地的人们都十分敬畏他。

紧跟陈胜吴广起义，项梁和项羽也在吴中（今江苏）起兵。随着起义军声势越来越大，项梁接受了谋士范增的建议，找来楚怀王的后代熊心，再将他册立为楚怀王，借此来收拢民心。

公元前207年，楚怀王派遣五万人的军队北进，前往救援被秦军围困在赵地的起义友军。当时统军的主将是宋义，项羽在军中仅为副将。项羽对宋义建议说："秦军在巨鹿（今河北邢台）围困住赵军，不如我们迅速引兵渡河，与赵军内外夹击，这样一定能够击破秦军。"但宋义用兵保守，不肯采纳项羽的建议。

项羽见到宋义不仅不肯发兵，而且还在军帐中饮酒作乐，帐外的士兵却在忍受饥寒，于是大怒，在第二天一早冲进了宋义的军帐，斩下了宋义的头颅。项羽杀了宋义之后，声震楚国，被楚怀王任命为统军的主帅。

随后，项羽带领全军渡河，他先是让士兵们吃饱了饭，然后又命令把船都凿破沉入河中，把饭锅砸烂，以此来表示此次战役有进无退的必胜决心。这就是成语"破釜沉舟"的由来。面对人数有几十万的敌人，楚军的士兵们以一当十，以少胜多，在战场上大败秦军，秦朝领兵的章邯也在此后归降了项羽。这一战史称"巨鹿之战"。经此一役，项羽名动天下，当时各将领诸侯都十分敬畏项羽，甚至没有人敢直视他。也就是在巨鹿之战的同一年，秦朝灭亡了。

项羽带兵进入秦朝首都咸阳城后，他放纵士兵滥杀老百姓，把原来秦朝王宫里的金银财宝抢劫一空，并放火烧掉了王宫，一把火烧了足足三个月，让老百姓苦不堪言。有人劝项羽，告诉他咸阳所在的关中地区，四面环山，土地肥沃，是用来做首都的好地方，建议他就在这里建立新的首都。项羽看原来的王宫都烧毁了，嫌自己住在这里不够气派，又想回到自己的故乡去，让老家的人看看自己有多威风，于是他说："一个人要是有了荣华富贵却不回到家乡让人看看，就好像穿着漂亮的衣服但是在晚上出门走路一样。"劝说他的人感慨地说："大家都说楚国人野蛮不开化，就像是穿着衣服的猴子一样。"项羽听到后，就把这人丢进锅里活活煮死了。

后来，项羽杀掉了当年被项梁拥立的楚怀王熊心，和各路起义军的矛盾也越来越深。大家都纷纷开始进攻项羽。其中，刘邦的势力慢慢增长，成了和项羽竞争的主要对手。

经过四年的较量，刘邦军队最终在垓下（今安徽灵璧）将项羽军队重重围住，取得绝对优势。项羽连夜率领八百骑兵突围，最后被刘邦军杀伤到只剩二十八骑。他带领着这二十八骑来回冲阵，一路杀到乌江。乌江亭长劝说项羽回到江东，以图重振，但项羽自觉无颜面见江东父老，就将战马赠予这位亭长，自己则带着兵器前去和汉军徒步作战了。项羽最后一人在阵中杀了汉军好几百人，自己也受了十余处伤，自刎而死。

在临死之前，项羽仰天长叹："这不是我打仗不行，而是老天要灭亡我啊！"

关于项羽这个争议颇多的历史人物，司马迁在《项羽本纪》的最后，深情地写下了一段非常中肯的评论。司马迁首先充分肯定了项羽过人的军事才能，肯定他凭借自己的勇猛和统帅能力，只用了三年的时间就推翻了秦朝的残暴统治。这是同时代其他的起义军将领无法做到的事情，甚至在整个人类历史上也十分罕见。

而在另一方面，司马迁也对项羽表达了由衷的惋惜之情，惋惜他虽然拥有无与伦比的军事能力，但是在政治上却是极其幼稚、缺乏远见的，由此导致自己从叱咤风云最终走向身败名裂。同时，项羽在人格上缺乏自我反思的能力，一直到最后被刘邦打败，仍然把失败的原因归咎于上天的安排，这显然是一种没有担当的逃避。

[精彩原文]

项籍少时，学书不成，去学剑，又不成。项梁怒之。籍曰："书足以记名姓而已。剑一人敌，不足学，学万人敌。"于是项梁乃教籍兵法，籍大喜，略知其意，又不肯竟学。项梁尝有栎阳逮，乃请蕲狱掾曹咎书抵栎阳狱掾司马欣，以故事得已。项梁杀人，与籍避仇于吴中。吴中贤士大夫皆出项梁下。每吴中有大繇役及丧，项梁常为主办，阴以兵法部勒宾客及子弟，以是知其能。秦始皇帝游会稽，渡浙江，梁与籍俱观。籍曰："彼可取而代也。"梁掩其口，曰："毋妄言，族矣！"梁以此奇籍。籍长八尺余，力能扛鼎，才气过人，虽吴中子弟皆已惮籍矣。

——《项羽本纪》

[知识拓展　汉尼拔与布匿战争]

汉尼拔·巴卡（前247—前183）是北非古国迦太基的统

帅，他与项羽一样战功卓著，也是一位悲剧英雄。

汉尼拔出生的时候，迦太基在与罗马进行第一次布匿战争中失败。尚处孩童时代的汉尼拔跪在祭坛前对着父亲立誓，终生与罗马势不两立。汉尼拔九岁的时候就随父出征，二十五岁时就接管了父亲的军队，成为最高统帅。迦太基本是一个依靠商业发家的国度，但在汉尼拔的带领之下，它的军事力量迅猛地发展了起来。公元前218年，第二次布匿战争爆发，汉尼拔带领着军队翻越雄险的比利牛斯山和阿尔卑斯山，重创罗马军队。汉尼拔还在随后的多次战役中获得胜利，令罗马人闻风丧胆。然而在军队出征之际，迦太基内部力量空虚，罗马将领大西庇阿率军攻击迦太基本土，迫使汉尼拔回援。在公元前202年，大西庇阿在扎马之战中，击败了曾经让罗马溃不成军的汉尼拔，第二次布匿战争又以罗马胜利告终。

在扎马之战后，罗马人担心迦太基再次带来威胁，要求迦太基交出汉尼拔。汉尼拔自愿将自己流放，随后又辗转别国率领军队与罗马为敌。但那时候的罗马已如日中天，汉尼拔投靠的国家几乎都屈服于这个强大的帝国，最终，无所依凭的汉尼拔在公元前183年服毒自尽。

三十三、楚汉争霸

[导言]

如果我们下过中国象棋，就会发现中国象棋的棋盘中界有着"楚河""汉界"的字样，这实际上是对两千年前楚汉争霸的历史记忆。

从公元前206年刘邦成为汉王开始，到公元前202年垓下之战结束，楚汉争霸共持续了四年的时间，这是一场超级争霸战争，对于中国历史走向具有决定性的影响。楚汉争霸的最终结果是项羽战败，自刎乌江，而刘邦则建立起了享国二百多年的西汉王朝。

楚汉争霸虽然只有短短的四年时间，但这段历史风云激荡，事情发展迂回曲折，我们熟知的成语"约法三章""项庄舞剑""暗度陈仓"……都是从这段历史中来的。接下来，就让我们一起来回溯这场史诗般的战争。

[史记故事]

刘邦是沛丰邑中阳里人（今江苏省徐州市丰县中阳里）。传说，他的妈妈曾经在野外的湖边睡觉休息，梦到神明来到她的梦中。当时天上电闪雷鸣，天气阴沉，他的爸爸跑去找到妻子，发现有一条蛟龙盘旋在妻子的上空。后来，刘邦的妈妈就生下了他。

刘邦的鼻子和额头都很高，鬓角和胡须长得漂亮。他的性格豁达开朗，喜欢施舍，而且一直以来理想远大。有一年，刘邦到秦朝首都咸阳去服徭役，远远地看见秦始皇出巡，他长叹了一口气说："大丈夫就应该过这样的生活啊！"

后来陈胜、吴广发动大泽乡起义之后，各地都兴起了反抗秦朝的起义军。刘邦也带领一支队伍参加到起义中来。在当初许多支起义军起兵反抗秦朝的时候，起义军的首领们有一个约定，那就是谁能够先带兵攻破秦朝的首都咸阳，那么以后就尊奉谁作为新的帝王。在整个反秦战争中，虽然项羽在正面战场打败了秦朝最主力的部队，也就是巨鹿之战中章邯的部队，可是也因此错失了率先攻入咸阳的机会。最先攻入咸阳这个大便宜让刘邦白白捡到了。

按照之前的约定，先攻入咸阳的刘邦应该被大家奉为新帝王。可是实际上，当时刘邦的军队人数很少，势力很小，根本不可能和项羽抗衡。项羽因为刘邦趁着自己苦战的时候捡便宜先入咸阳这件事非常愤怒，准备杀死刘邦。于是他在鸿门这个地方摆下宴席，邀请刘邦来参加，想借这个机会杀死刘邦。

项羽有个叔叔叫作项伯，项伯和刘邦手下的谋士张良是很好的朋友。所以项伯提前一天悄悄跑到刘邦的军营，把项羽的这个计划告诉了张良，张良也立刻告诉了刘邦。刘邦陷入了两难之中。如果去参加鸿门宴，自己很可能被杀死。如果不去，项羽一定会发动军队来进攻自己，到时候也不免一死。怎么办呢？

于是，刘邦和张良拜托项伯在项羽面前多说好话，并表示自己虽然先入咸阳，但绝对没有想要称帝的意思，一切都在等着项羽过来主持大局。

项伯回去以后，果然在项羽面前说了很多关于刘邦的好话，项羽就心软了。到第二天刘邦来赴宴的时候，项羽有很多次机会可以杀死他，可是在项伯的保护下，刘邦最终在宴会中途逃走了。项羽最重要的谋士范增知道刘邦逃走的消息后，愤怒地责怪项羽没有把握住机会，并且预言："以后天下迟早会被刘邦得到，我们最后都会变成他的阶下囚！"

逃走的刘邦后来被项羽分封到地理位置偏僻的汉中地区，被称为"汉王"。项羽号为"西楚霸王"，所以后来项羽和刘邦之间的战争叫作"楚汉战争"，又叫作"楚汉争霸"。

在汉中，刘邦听取萧何的意见，韬光养晦，积蓄实力。就在同一时间，于项羽军中不受重用的韩信，经过萧何的举荐，来到了刘邦的阵营中。

公元前205年，项羽为平定诸侯的叛乱而滞留在齐地，刘邦趁机出兵攻打项羽，并以替楚怀王报仇的名义联络各地的诸侯。起初，刘邦的军队一路高歌猛进，直接攻入了彭城。正当刘邦陶醉于胜利之际，项羽迅速回援彭城，用三万人击溃了刘邦五十余万人的军队，让刘邦遭受到起兵以来最大的挫败，史称"彭城之战"。

彭城之战后，刘邦撤兵回守，而项羽的军队也因后援不继，无法突破刘邦的防线。于是在公元前203年，两人约定以鸿沟（今河南荥阳）为界，其东归属于楚，其西归属于汉。

定下盟约后没有几个月，刘邦听从张良的建议，撕毁和约，从背面奇袭撤退的楚军。进攻最初虽然遭遇了一些挫折，但刘邦最终与各路诸侯军相约，齐攻项羽，在垓下决战。

汉军由韩信统兵，约三十五万人；楚军由项羽统兵，约十万人。垓下之战的结果是汉军大破楚军，赢得了楚汉战争的最终胜利。

公元前202年，耗时四年的楚汉争霸就此以项羽败亡，刘邦建立西汉而告终。

[精彩原文]

楚汉久相持未决，丁壮苦军旅，老弱罢转饷。汉王项羽相与临广武之间而语。项羽欲与汉王独身挑战。汉王数项羽曰："始与项羽俱受命怀王，曰'先入定关中者王之'，项羽负约，王我于蜀汉，罪一。项羽矫杀卿子冠军而自尊，罪二。项羽已救赵，当还报，而擅劫诸侯兵入关，罪三。怀王约入秦无暴掠，项羽烧秦宫室，掘始皇帝冢，私收其财物，罪四。又强杀秦降王子婴，罪五。诈阬秦子弟新安二十万，王其将，罪六。项羽皆王诸将善地，而徙逐故主，令臣下争叛逆，罪七。项羽出逐义帝彭城，自都之，夺韩王地，并王梁楚，多自予，罪八。项羽使人阴弑义帝江南，罪九。夫为人臣而弑其主，杀已降，为政不平，主约不信，天下所不容，大逆无道，罪十也。吾以义兵从诸侯诛残贼，使刑余罪人击杀项羽，何苦乃与公挑战！"项羽大怒，伏弩射中汉王。汉王伤匈，乃扪足曰："虏中吾指！"

——《高祖本纪》

[知识拓展　日本战国时代]

在整个秦朝末年的起义军中，刘邦并不是最先起义的领袖，也不是势力最大的起义军领袖。我们都知道，秦末最早发动起义的是陈胜、吴广，而在所有起义军中势力最大、战斗力最强的则是西楚霸王项羽。楚汉战争的对抗过程中，在很长时间里刘邦都处于下风。可是刘邦打败所向无敌的项羽，获得最终胜利，这和他坚韧的性格是分不开的。

在世界历史上，其他国家也曾出现过和刘邦类似的后来居上的最终胜利者，最具有代表性的就是日本的德川家康。

日本的战国时代（公元15世纪中期—公元17世纪初）是一个群雄并起的风云时代，涌现出许许多多的豪杰人物，其中先后称雄的有三位人物，他们分别是织田信长、丰臣秀吉和德川家康，他们被称为"日本战国三杰"。

其中，织田信长最先崛起，他的势力不仅控制了京都，还占据了超过日本一半的地盘，是最有希望率先统一日本的大人物。但是，织田信长在公元1582年的本能寺之变中意外死去，使得织田家的势力衰落下去。

取而代之的是丰臣秀吉，丰臣秀吉出生在贫苦农民家庭，最早是织田家的下级步兵，因为侍奉织田信长而逐渐成为织田家的重臣。在织田信长死后，在政治斗争中崛起的丰臣秀吉率先统一了日本，成为"桃山时代"的主人。他的影响甚至超出日本国内——他还曾率军渡海远征，侵略朝鲜。

在丰臣秀吉去世之后，丰臣家分裂，这造就了德川家康的崛起。德川家康本身也是丰臣家的重臣，他在公元1600年发动了关原合战，率领丰臣家的东军打败了西军。德川家康又在后来的大阪之战（公元1614—公元1615）中彻底消灭了丰臣势力，终结了日本战国群雄割据纷争的乱世，开创"江户时代"，带领日本走进和平时期。

德川家康是日本战国争霸中最后崛起的，也是最终胜利的人物，这一点和刘邦极为相似。他们于乱世中默默积蓄自己的力量，隐忍不发，在最关键的时刻给予对手重击，成为历史新时期的开创者。

三十四、汉初三杰

[导言]

汉高祖刘邦是中国历史上第一个平民出身的帝王。他成功的最大秘密，就是能够将有各种各样才能的人收为己用，并将他们安排在最合适的位置上。

在汉朝建立之初，辅佐刘邦成就帝业最重要的功臣有三位，他们分别是萧何、张良以及韩信。萧何在汉集团中担任内政管理的角色，即汉朝的国相，在汉朝建立之初，他就制定实施《九章律》（汉朝的法律），同时主张"无为而治"以休养国力，在众多功臣中，萧何名列第一位。张良则相当于汉集团的军师，他协助刘邦赢得了楚汉之争，但并不贪恋权位，在功成之后离开了朝堂，过着云游四海的生活。韩信则是汉集团的大将军，他在战场上击败了西楚霸王的军队，被后人称赞为"国士无双"。而汉朝建立之后，韩信由于功高震主，意图谋反，最后被诱杀在长乐宫中。

接下来，就让我们一起来了解，刘邦是如何与他的臣子们一起将伟大的汉王朝建立起来的。

[**史记故事**]

萧何早年的时候只是秦朝的一个小吏，刘邦起兵的时候，萧何就跟在他的身边了。公元前206年，刘邦率军攻入关中，进入咸阳城，只当了四十六天秦王的子婴献出玉玺，向刘邦投降。军队的士兵们看见繁华的咸阳城，顿时忘乎所以，纷纷抢掠金银财物，就连刘邦也跑到了秦王的宫殿当中，躺在龙椅上，一时间心醉神迷。而萧何进入咸阳城之后，不管金银财物，也不迷恋后宫的美女，只是径直走到了秦朝的丞相御史府，把秦朝所有与户籍、法令、地图等相关的图书档案全部分类好，登记收藏起来。萧何这一看似平常的举动，实际上保留了秦朝的制度信息，这对于一个国家的运转来说是至关重要的。正是萧何对秦朝重要文书的保存，使得汉朝在建立后，能够迅速地在全国范围内施行有效的统治。我们在历史课本上常常能见到"汉承秦制"这一个词，萧何于其中就有着莫大的贡献，所以他在众多功臣中名列第一，也是实至名归的事情。

张良出身贵族，他祖上几代都是韩国的国相。到了张良的时代，韩国已经衰败灭亡，他心中长存家国之恨，誓要反抗秦朝。张良曾经谋划刺杀秦始皇，但没能成功。在外匿逃期间，张良曾遇到一位老翁，那老翁多次折辱张良，试探他的心性。张良始终对老翁毕恭毕敬，老翁最后给了张良一部兵书，并对他说道："十年后，你可以凭借此书兴邦立国。"天下各地起义之时，张良本想投奔自立为楚假王的景驹，但在途中遇见了刘邦，两人一见如故，张良又转投到了刘邦帐下。到了后来，刘邦能够攻入关中，从鸿门宴中逃脱，乃至到最后击败项羽，多是用了张良的计策。建立汉朝后，刘邦为了巩固自身的统治地位，剪灭功臣。张良深知"鸟尽弓藏"的道理，游离在朝堂纷争之外，明哲保身，最终得以安度余年。

韩信本是项羽帐下的一名小卒，不得重用，后来得到萧何的赏识，被举荐给了刘邦。有一次，刘邦问韩信："像我这样的才能，能够统领多少兵马？"韩信回答说："依您的才能，只能统兵十万。"刘邦又问："那你能统兵多少？"韩信答道：

"我当然是越多越好。"刘邦笑着说:"你统兵越多越好,却为什么受我管辖呢?"韩信答:"您虽然统兵不多,但却能统帅将领,这就是我受您领导的原因。您的才能是上天赋予的,非人力所为。"韩信在很早的时候就被刘邦拜为大将军,他统帅整个汉集团的军队,可以说,整个汉朝的江山都是韩信打下来的。韩信功高震主,在汉初动乱之时意图谋反,最后被萧何与吕后设下计谋诱杀在长乐宫中。

[精彩原文]

高祖置酒洛阳南宫。高祖曰:"列侯诸将无敢隐朕,皆言其情。吾所以有天下者何?项氏之所以失天下者何?"高起、王陵对曰:"陛下慢而侮人,项羽仁而爱人。然陛下使人攻城略地,所降下者因以予之,与天下同利也。项羽妒贤嫉能,有功者害之,贤者疑之,战胜而不予人功,得地而不予人利,此所以失天下也。"高祖曰:"公知其一,未知其二。夫运筹策帷帐之中,决胜于千里之外,吾不如子房。镇国家,抚百姓,给馈饷,不绝粮道,吾不如萧何。连百万之军,战必胜,攻必取,吾不如韩信。此三者,皆人杰也,吾能用之,此吾所以取天下也。项羽有一范增而不能用,此其所以为我擒也。"

——《高祖本纪》

[知识拓展　拿破仑的"军中三杰"]

　　历史上任何一位帝王成就大业，都离不开手下得力助手的辅佐帮助。刘邦依靠"汉初三杰"，开创了大汉王朝。而在欧洲，两百年前的拿破仑则得到"军中三杰"的帮助，成为法兰西第一帝国的缔造者。拿破仑的"军中三杰"分别是若阿尚·缪拉、米歇尔·内伊以及让·拉纳，下面我们分别来介绍。

　　若阿尚·缪拉娶了拿破仑的妹妹为妻，在公元1804年被拿破仑赋予帝国元帅的称号。后因战功卓著，被拿破仑派遣去掌管西欧部分领地，成为西西里的国王。最终在公元1815年被反法联盟枪决。

　　米歇尔·内伊一直追随着拿破仑南征北战，公元1814年波旁王朝复辟时，内伊背叛了拿破仑，归顺路易十八。但当拿破仑重回法国，内伊又重新回到拿破仑麾下。内伊后来负责指挥滑铁卢之战，造成了拿破仑一生中最大的失败。滑铁卢之战同年的12月，内伊的生命随着百日王朝的覆灭而终结。

　　让·拉纳性格刚烈，据说，他是唯一一个敢对拿破仑直称"你"的人。公元1808年拉纳随着拿破仑对外远征，在法奥战争中被炮弹击中双腿，后因伤口感染而去世，成为拿破仑麾下最早牺牲的一位元帅。拿破仑一生中流过的眼泪不多，其中一次就是为拉纳的去世而流。

三十五、汉初动乱

[导言]

　　一位英武的君主率领着众多文臣武将攻城伐地，夺取天下，开创一个全新的王朝，这当然是伟大的成就。而当新王朝建立之后，更艰难的任务往往还在后面。

　　作为新王朝的主人，开国君王必须面对一个绕不开的难题，那就是如何对待这些功勋卓著的开国大臣。这些开国大臣才干出众、富有威望，在打天下的时候帮助自己，等到打下了江山之后，他们会不会利用手中的军队和地盘来反叛自己呢？历史上，许多开国君主为了解决这个问题费尽了脑筋。

　　比如，北宋建立之初，宋太祖赵匡胤就给统兵的将领们摆下酒宴，在宴席上威逼利诱，迫使将领们交出兵权。石守信等人就依着赵匡胤的意思，放下手中的兵权，带着荣华富贵回到故乡。这算是一种比较温和的方式。相比起来，明朝的开国功臣们运气就没有这么好了。明太祖朱元璋是一个手段残酷的人，他为了巩固统治，一连杀了胡惟庸、蓝玉等几十个功臣。今天要讲到的汉初动乱，其主角正是汉朝的一些开国功臣。他们功高震主，手握极大的权力，最终导致了全国性的叛乱。刘邦就在平定功臣叛乱的过程中，不断地剪除异己势力，稳固住了汉朝的统治。

[史记故事]

楚汉争霸期间，刘邦和项羽争夺天下的统治权，为了团结众力，刘邦以利为饵，将许多勇猛的武将分封为王，依靠这些人对抗项羽。刘邦最终在众人的团结帮助下击败项羽，建立了汉朝。在汉朝建立的一开始，刘邦保留了这些武将的王位，他们不与刘邦同姓，因此被称为"异姓王"。异姓王大多战功卓著，心气很高，许多人不愿继续服从刘邦，这就为汉朝的统治埋下了隐患。汉初的异姓王中，最出名的就是大将军韩信。韩信在众人中的军功最大，刘邦也对他最为忌惮，因而在汉朝建立后短短几年，本为齐王的韩信就被贬为淮阴侯。韩信对此深感不满，终日闷闷不乐。后来，韩信就联合陈豨起军反叛。公元前197年，陈豨在封地自立为王，高祖刘邦亲自率领大军进行征讨。与此同时，韩信托言自己有病在身，不能跟随，实则打算与陈豨里应外合，发动宫廷政变。计划还没来得及实施，就有人向吕后告发韩信谋反，吕后就和萧何一起谋划，令人散布消息说：刘邦平乱归来，陈豨已经获罪处死，群臣都来宫中庆贺。消息散发出去之后，吕后埋伏好了武士，把韩信召入宫中，在长乐宫的钟室里将他斩杀，随后又诛灭了韩信的三族。等到刘邦真的平乱归来，知道韩信已死的消息，心中很高兴，却又十分怜悯他。

彭越是被分封在梁地（今山东菏泽）的异姓王，刘邦在讨伐陈豨期间，也曾向彭越征兵，彭越像韩信一样称病在身。刘邦对此感到很生气，他派人前去责备彭越。彭越很害怕，于是想要亲自到刘邦那里谢罪。部将扈辄劝说彭越趁机起兵反叛，但彭越不听从，仍然对外称病。当时，有人惹怒了彭越，彭越想要杀掉那人，那人跑到刘邦那里控告彭越和扈辄谋反。刘邦就派军出其不意地攻击彭越，彭越于是被抓了起来。后来，彭越被废为庶人，吕后担心留下后患，又令人告他谋反，借机诛灭了彭越的家族，铲除他的封国。

韩信、彭越与英布并称"汉初三大名将"，英布本是项羽手下的将领，后来投降了刘邦。

在韩信与彭越被诛杀后，英布心中十分畏惧。韩信、彭越身死的同年，也就是公元前196年，英布暗中在自己的封地集结军队，随时准备反叛。英布起兵之后，刘邦再次率军亲征，英布的军队摆出列阵，样子就像昔日项羽的军队一样。刘邦见了，心中很是厌恶。两军多次交兵，英布屡屡处于下风，只好带着人撤退到了长江以南。兵败后的英布十分狼狈，最终身中埋伏，被杀死在一个农民的家中。汉初反叛的异姓王侯还有很多，在刘邦的强力镇压之下，他们最终的结局大都是兵败身死。在平定叛乱的过程当中，刘邦采用了封立同姓王的方式来取代异姓王，也就是将自己的儿子们和刘氏家族的宗亲分封到各地为王。刘邦原以为派自己的儿子和家里的亲戚去管理国家的各个区域就可以天下太平，可万万没想到，这又为后来汉景帝时期的"七国之乱"埋下了祸根。

[精彩原文]

八月，赵相国陈豨反代地。上曰："豨尝为吾使，甚有信。代地吾所急也，故封豨为列侯，以相国守代，今乃与王黄等劫掠代地！代地吏民非有罪也。其赦代吏民。"九月，上自东往击之。至邯郸，上喜曰："豨不南据邯郸而阻漳水，吾知其无能为也。"闻豨将皆故贾人也，上曰："吾知所以与之。"乃多以金啗豨将，豨将多降者。

十一年，高祖在邯郸诛豨等未毕，豨将侯敞将万余人游行，王黄军曲逆，张春渡河击聊城。汉使将军郭蒙与齐将击，大破之。太尉周勃道太原入，定代地。至马邑，马邑不下，即攻残之。

豨将赵利守东垣，高祖攻之，不下。月余，卒骂高祖，高祖怒。城降，令出骂者斩之，不骂者原之。于是乃分赵山北，立子恒以为代王，都晋阳。

——《高祖本纪》

[知识拓展　罗马内战]

对于每一个古典时代的大帝国而言，由于国土面积庞大、各方利益冲突等诸多因素并存，内战总是像顽疾一样挥之不去。

古罗马内战（公元前88—前31）爆发在各重社会矛盾交织的背景下。内战前，古罗马国力已经相当雄厚，但原有的共和统治形式已经逐渐无法适应生产力发展的要求，一切萌动着的历史要素都驱动着古罗马向帝国转变。古罗马的实际统治权掌握在由旧贵族组成的元老院手中，为了维护自身的利益，旧贵族们拒绝进行改制，并制造了多起流血事件。在残酷的政治斗争中，恺撒战胜了庞培，但自己也遭到了旧贵族势力的暗杀。最终，恺撒的养子屋大维继承了恺撒的衣钵，打败了刺杀恺撒的共和派贵族，成了罗马帝国实际上的皇帝。

三十六、吕后称制

[导言]

在整个世界进入现代文明以前，社会的经济生产主要依靠体力劳动。男性在体力方面一般要优于女性，因此，男性在经济生产领域会处于优势地位。以经济生产作为根基，这种优势会扩大到政治、军事、教育、法律等社会生活的方方面面，可以说，几乎所有的古代文明都以男性为主导。

在这一背景下，女性大多数时候都作为男性的附庸而存在，这种不平等的状况延续到近现代，一直到脑力劳动生产岗位的比例上升才有所改观。但是中国很早就诞生了富有权谋、掌握全国领导权的女性领导人，其中最早、最知名的一位就是汉高祖刘邦的妻子——吕雉。

汉初，吕雉以皇后的身份领导全国政治，因而后世之人都称她为"吕后"。可以说，吕后是中国历史上展现女性力量的先驱者，她是一位在《史记》本纪中有实无名的帝王。接下来，就让我们一起来了解这位传奇的汉朝皇后。

[史记故事]

　　刘邦年轻的时候，为人比较轻浮，说话做事很不踏实，所以他身边很多人都不太喜欢他。他整天一个人到处浪荡，也没有女子愿意嫁给他。有一天，他遇到了一位姓吕的长者。这位长者对着刘邦的面孔看了又看，最后对他说："我会看面相，以前我看过很多人的面相，但没有一个人比得上你，以后你一定会飞黄腾达。我有一个亲生女儿，如果你不嫌弃的话，我就把她嫁给你。"这位长者的女儿名字叫作吕雉，吕雉的妈妈一听说要把女儿嫁给刘邦，就对丈夫发了一通脾气。她说："你原来总是说女儿一定要嫁给贵人，以前我们这个地方的地方官想要娶我们女儿，你都没有答应，怎么今天随随便便就把女儿嫁给这个一点也不可靠的刘邦呢？"吕雉的爸爸听了，很不屑地说："这就不是女人家能明白的事情了。"

　　吕雉就这样嫁给了刘邦，成了刘邦的第一任妻子。在后来的日子里，吕雉跟着刘邦四处漂泊，在刘邦危难的时刻一直跟随着他。最后，刘邦战胜项羽获得天下，吕雉名正言顺地成了汉朝的皇后，被尊称为吕后。

随着身份的改变，吕后遇到了新的挑战。刘邦身边有一位得宠的妃子叫作戚夫人，她生下了庶子刘如意，刘邦就打算废除本已立好的太子刘盈，改立刘如意为储君。张良、叔孙通等大臣都劝谏刘邦不可废长立幼、废嫡立庶，但刘邦都不愿听从。后来，张良谋划让太子请来住在商山上的四位老人，请他们在太子身边辅佐。刘邦一向敬重这四位老人，想请他们出山，却没能得到应允，如今见到这四位老人陪伴在太子刘盈身边，就再也不提废立太子的事情了。

朝中有很多为汉朝打下江山的大功臣，但他们其中许多人都怀有异心，不愿意完全服从汉朝统治，对于这一点，高祖刘邦和吕后都心知肚明。韩信就在后来意图谋反，而刘邦当时正率军对外作战，留守朝中的吕后就联合萧何，将韩信设计擒杀。刘邦统治期间，吕后常常坐镇后方，协助剪除异己势力，镇压叛乱，极大地巩固了汉王朝的统治。

汉高祖刘邦去世之后，汉惠帝刘盈继位，当时刘盈只有十几岁，吕后就开始了她临朝称制的生涯。没过几年，年仅二十三岁的惠帝刘盈就去世了，其子嗣中没有年纪较长的。于是，吕雉就将刘盈的庶子刘恭伪装成皇后的孩子，立为少帝，又把自己的吕氏亲族带入朝中，加强统治。这时候，整个汉王朝的号令实际上只出于吕后一人了。

吕后继续打击各地意图反叛的诸侯王，又信奉"黄老之术"，以无为而治的方式治理国家，为后来的文景之治奠定了基础。

　　刘邦在世的时候曾经与群臣立下"白马之盟"，说："如果不是姓刘的人当了皇帝，天下人要一起攻击他。"吕后专权，也因此引来朝中大臣们的不满，但吕后此时已经没有退路，只能继续培植吕氏亲族的势力以维持统治。

　　公元前180年，吕后去世，她留下的吕氏外戚集团很快就与刘氏皇族发生了冲突，矛盾冲突的最终结果是诸吕势力被剿灭。汉朝的大臣们吸取了这一教训，在挑选新的皇位继承人时，极力避免那些母方亲族势力强大的皇子。于是，汉朝就迎来了分封在代地的刘恒，是为汉文帝。

[精彩原文]

　　太后称制，议欲立诸吕为王，问右丞相王陵。王陵曰："高帝刑白马盟曰'非刘氏而王，天下共击之'。今王吕氏，非约也。"太后不说。问左丞相陈平、绛侯周勃。勃等对曰："高帝定天下，王子弟，今太后称制，王昆弟诸吕，无所不可。"太后喜，罢朝。王陵让陈平、绛侯曰："始与高帝啑血盟，诸君不在邪？今高帝崩，太后女主，欲王吕氏，诸君从欲阿意背约，何面目见高帝地下？"陈平、绛侯曰："于今面折廷争，臣不如君；夫全社稷，定刘氏之后，君亦不如臣。"王陵无以应之。

——《吕太后本纪》

[知识拓展　世界历史上杰出的女性帝王]

在其他国家的历史上，也曾经出现过像中国汉代的吕后一样杰出的女性帝王，她们为国家的发展做出了巨大的贡献。

西班牙女王伊莎贝尔一世，实现了西班牙的统一。她还资助了哥伦布远航，使大西洋两端从此联结成一体。凭借美洲殖民地源源不断的黄金供应，西班牙在此后百余年间成为世界霸主。

伊丽莎白一世是英国历史上最伟大的统治者之一，人们至今仍尊称她为"荣光女王"。在伊丽莎白一世治下，英国在公元1588年击败了西班牙的无敌舰队，确立了海上霸权，并通过海外贸易和对外殖民统治积累了大量财富，文艺复兴此时在英国发展至鼎盛。伊丽莎白一世带领英国成为当时欧洲最强盛的国家，开启了英国的黄金时代。

叶卡捷琳娜大帝是俄罗斯历史上唯一一位拥有"大帝"之名的女皇。她对内进行"开明专制"，发展生产，对外积极进行领土扩张。在她统治期间，俄罗斯成了欧洲一流强国。

楚　吴　济南　淄川　胶西　胶东　　起

三十七、七国之乱

　　"细柳"是一个闻名古今的地名（在今陕西省），它之所以这么出名，与汉朝大将周亚夫有关。周亚夫在这个地方训练了一支"细柳军"，这支军队英勇善战，纪律严明，曾经英勇地抵抗了匈奴的入侵，是中国历史上的模范军队。

　　周亚夫也作为一位模范将军被传颂千古。唐代诗人王维在诗歌《观猎》中写道："忽过新丰市，还归细柳营。回看射雕处，千里暮云平。"这正是借着周亚夫来写猎场上雄阔磅礴的气势。周亚夫治军严明，刚正不阿，汉文帝因而称赞他是"真将军"。

　　汉景帝时期，周亚夫是参与平定"七国之乱"的主帅，这也是他一生中最卓著的功绩。七国之乱是同姓王替代异姓王的遗祸，七国之乱被平定后，汉朝虽仍有诸侯国存在，但已名存实亡。自此，汉朝中央政府的权力得到极大的加强，整个国家进一步向内凝聚，获得了更强的统一。

[史记故事]

在平定陈豨、英布等人的叛乱之后，汉高祖刘邦将自己的许多同姓亲族分封为诸侯王。起初，这些同姓诸侯国与汉朝中央政府之间相安无事，但随着时间的推移，双方的矛盾不断激化，最终在汉景帝统治时期爆发出来。

汉景帝刘启继位之后，同姓的诸侯王们已经强大到能够威胁中央的统治。这时候，晁错站了出来，他在景帝还是太子的时候就担任太子的老师和管家，景帝对晁错极为宠信。晁错向景帝建议，削减诸侯们的封地。这个举措在历史上被称为"削藩"。汉景帝认为晁错言之有理，于是开始大刀阔斧地进行削藩。

这件事的影响极大，很快就引发了诸侯们的不满。吴王刘濞（bì）在封国发出号令："寡人今年六十二岁，将亲身担任统帅。凡是在我年龄之下、十四岁之上的国民，都要随我从军出征。"就这样，吴王刘濞集结了二十多万人的军队，又暗中派人与匈奴、闽越勾结，同时联合楚王刘戊、胶西王刘昂等人公然发起反叛。他们打着"请诛晁错，以清君侧"的名号，率军向长安进发，这一年是公元前154年，七国之乱就此开启。

慌乱之下，汉景帝听从了袁盎的建议，诛杀晁错，想要换取七国退兵。但杀死晁错并不是诸侯们的真正意图，他们想取代汉景帝，成为天下的新主人。

眼见七国的军队不断迫近，汉景帝才决心用武力平定叛乱。挑选领兵统帅的时候，汉景帝第一个就想到了周亚夫。周亚夫是汉朝开国大将周勃之子，汉文帝病重的时候，曾对景帝说："在关键时刻，周亚夫是可以放心任用的统帅。"

于是，汉景帝派遣周亚夫统领三十六位将军，出兵抗击吴楚联军；又遣调郦寄攻打赵国的军队；再派栾布攻打齐国的军队；令窦婴驻扎在荥阳（今河南郑州），以监视齐国军队和赵国军队的动向。

七国之乱期间，汉景帝的弟弟梁王刘武没有参与反叛。在吴楚联军进发到梁国（今河南商丘）的时候，梁王刘武率军抵抗。梁国的军队在正面战场上拖延住吴楚联军，周亚夫则派出轻骑弓兵绕后切断了吴楚联军的粮道。

吴楚联军断了粮草，只好撤兵离去。这时候，周亚夫又派出精兵追击，大破敌军。吴王刘濞丢下了大军，带着几千个精壮的士兵逃到了丹徒（今江苏镇江）。汉朝军队乘胜追击，虽然刘濞逃脱，但那几千个精壮的士兵都被俘虏了。随后，朝廷又以重金悬赏吴王刘濞，悬赏发出去的一个多月后，就有当地人砍下了刘濞的头颅上呈给朝廷。

领头的吴国被击败，剩余的六国也就随之溃散。七国之乱在公元前154年的正月开始，于同年的三月被平定。其间，参与叛乱的七位诸侯王或是伏法被诛，或是畏罪自杀，全部身死。七国之中，有六国被废除，只剩楚国在另立新王后得以保留。

[精彩原文]

诸侯既新削罚，振恐，多怨晁错。及削吴会稽、豫章郡书至，则吴王先起兵，胶西正月丙午诛汉吏二千石以下，胶东、菑川、济南、楚、赵亦然，遂发兵西。齐王后悔，饮药自杀，畔约。济北王城坏未完，其郎中令劫守其王，不得发兵。胶西为渠率，胶东、菑川、济南共攻围临菑。赵王遂亦反，阴使匈奴与连兵。

七国之发也，吴王悉其士卒，下令国中曰："寡人年六十二，身自将。少子年十四，亦为士卒先。诸年上与寡人比，下与少子等者，皆发。"发二十余万人。南使闽越、东越，东越亦发兵从。

——《吴王濞列传》

[知识拓展　欧洲八圣王战争]

欧洲在西罗马帝国覆灭之后再也没有恢复到统一状态。所以欧洲进入中世纪以后，经常引发战争的矛盾不是中央和地方的矛盾，而是宗教势力和政治势力之间的矛盾。

八圣王战争（公元1375—公元1378）就是一场由于教权与政权间的矛盾积累而引发的战争，战争的对垒双方是以佛罗伦萨为首的意大利城邦联盟，以及罗马教廷。当时在位的教皇是格里高利十一世，他希望将教廷从阿维尼翁迁回罗马，但这一想法遭到意大利城邦联盟的反对。公元1375年，佛罗伦萨进攻教皇国，但败于教皇之手。作为报复，格里高利十一世开除了佛罗伦萨人的教籍，佛罗伦萨则与米兰进行结盟，组织了"八人作战会议"（即八圣王）。三年间，双方攻伐不断，关系十分紧张。

公元1378年，在一位圣女的调解下，罗马教廷与佛罗伦萨言和，撤销了将佛罗伦萨人驱逐出教的处罚，而佛罗伦萨人也相应地向教皇支付了二十万钱币。

三十八、文景之治

[导言]

　　在汉文帝和汉景帝统治期间，中国历史上出现了第一个君主社会下和平昌盛的时代，史称"文景之治"。人们提到文景之治的时候，都会说文景两帝无为而治，轻徭薄赋，与民休养生息。那么，究竟什么是"无为而治"呢？

　　"无为而治"语出老子的《道德经》。从字面意思来看，"无为而治"好像说的是什么都不做就能管理好国家。但"无为而治"中的"无为"其实指的是统治者不对民众的生活进行过多的干预。为什么文景两帝"无为"就能管理好国家呢？原来，从战国时代直到汉初七国之乱这段时间里，中国大多时候都处于战乱之中，各方面的生产都遭到了巨大破坏，社会凋敝残破，人民的生活苦不堪言。"无为而治"实际上是为了恢复经济生产而做出的策略调整。在无为之治下，统治者不过多地干预民众的生活，人们极大程度地从赋役与战争的负担中解放出来，生产力与创造力得以发挥，物质财富也得以积累。这就是"无为"的奥妙。接下来，就让我们来具体地了解这段时期的历史。

[史记故事]

汉文帝刘恒（公元前180—前157在位）是汉高祖刘邦的庶子。在周勃、陈平等人平定诸吕之乱后，刘恒就被从封地接到朝中继位为新皇。初来乍到的文帝刘恒在朝中的根基不稳，于是，他一方面让自己的亲信统领长安的军队，以护卫自己的安全，另一方面又册封周勃、陈平与灌婴等人为丞相、太尉，以安抚有重大功劳的老臣。后来，文帝有了属于自己的势力，贾谊、晁错等人正是在文帝的时代登上了历史舞台，文帝的统治也愈加稳固。

贾谊在这个时候写下了名传千古的《过秦论》，文帝也以秦朝灭亡作为自己的教训，在政治上继承了吕后与民休息的主张，轻徭薄赋以减少百姓的负担，以促使社会在动乱后恢复。文帝刘恒对百姓施行仁义，自己也是一位十分仁义的君王。当时有一个名为淳于意的医生，他遭受有权势的人家的迫害，被处以肉刑。淳于意的小女儿缇萦一路陪伴着自己的父亲来到长安，并上书朝廷。文帝了解事情原委后，深感悲伤，在同年就把实行已久的肉刑给废除了。此外，古代"二十四孝"中还有文帝替母亲尝药的故事，文帝也是二十四孝子里唯一的一位君王。

刘恒虽然仁义，却不软弱。刘恒在位期间，北方匈奴常常侵扰边境，到后来甚至对汉朝发动战争，他于是任命周亚夫等人为将，到边境驻军戒备，使得匈奴不敢轻易进犯。

汉文帝去世后，汉景帝刘启（公元前157—前141在位）接下了父亲的班。晁错是文帝安排给刘启的老师，刘启登基为帝后，提拔晁错为朝中的第一重臣，并采纳他削弱诸侯王势力的建议。汉景帝削藩的举措很快引来了反抗，以吴王刘濞为首的七国之乱爆发了。景帝指派周亚夫、窦婴等人为将，在三个月之内就将叛乱平定。自此之后，汉朝诸王割据为乱的局面彻底结束了。

除了平定叛乱，景帝最大的注意力都在国家的生产建设上。景帝依旧保持着"无为而治"的治国方式，积极鼓励百姓发展农桑，极大地减免田租税赋，缩减人们服徭役的时间。此外，汉景帝还大力发展养马业，储备国家的军事力量。这同时，景帝却不穷兵黩武，对于匈奴继续采取安抚政策，以和亲、贸易的手段与对方保持和平的关系。

景帝时期的文教事业也得到了极大的发展。当时有一位名为文党的官员，他在蜀郡担任郡守，在当地兴办学校，发展文化教育，开创了地方官学的传统，被人们尊称为文翁。

经历了文景两帝后，汉朝的国力得到极大的恢复、提升，在汉武帝时走向了全盛时代。后来的汉朝能够击破匈奴，开辟丝绸之路，都离不开汉文帝与汉景帝打下的基础。

[精彩原文]

孝文帝从代来，即位二十三年，宫室苑囿狗马服御无所增益，有不便，辄弛以利民。尝欲作露台，召匠计之，直百金。上曰："百金中民十家之产，吾奉先帝宫室，常恐羞之，何以台为！"上常衣绨衣，所幸慎夫人，令衣不得曳地，帏帐不得文绣，以示敦朴，为天下先。治霸陵皆以瓦器，不得以金银铜锡为饰，不治坟，欲为省，毋烦民。南越王尉佗自立为武帝，然上召贵尉佗兄弟，以德报之，佗遂去帝称臣。与匈奴和亲，匈奴背约入盗，然令边备守，不发兵深入，恶烦苦百姓。吴王诈病不朝，就赐几杖。群臣如袁盎等称说虽切，常假借用之。群臣如张武等受赂遗金钱，觉，上乃发御府金钱赐之，以愧其心，弗下吏。专务以德化民，是以海内殷富，兴于礼义。

——《孝文本纪》

[知识拓展　法国历史上的休养生息时代]

休养生息的政治政策往往推行在长期的战争之后，这样的例子在欧洲也不难发现。

公元1453年，持续了116年的"英法百年战争"（Hundred Years' War）以法国胜利告终。法国虽赢得了战争，国力却遭受到极大的损耗。这般情况恰如汉初战乱刚刚平定时一样，当时法国社会的方方面面都亟待修整恢复。

路易十一世（公元1461—公元1483在位）接管了战后的法国，他削弱国内的贵族势力，加强集权统治，实现了法国领土的统一；同时，他还大力发展国家的商业贸易，亲切地称商人们为"朋友"，甚至从中挑选国家官员。雨果的小说《巴黎圣母院》描写的正是路易十一世治下的法国。路易十一世去世后，经历了查理八世的短暂统治，路易十二世（公元1498—公元1515在位）成为法兰西的新王。路易十二世对其治理的人民十分友善，他为人们减轻税负，法兰西人爱戴他，亲切地称他为"人民之父"。

在这两位国王的努力下，法国国力很快从疲敝中恢复，迎来了伟大的"文艺复兴"时代。

三十九、汉匈战争

　　世界历史上有很多创造了伟大文明的民族，它们的民族特性经常被人们用简单而鲜明的观念概括出来。比如说，古希腊人热爱智慧，古罗马人能征善战，犹太人善于经商，等等。

　　而谈论到中国的时候，人们往往强调古代中国灿烂的艺术文化、吃苦耐劳的民族品格、爱好和平的外交风范。所以对于我们的民族品质，有人曾提出疑问："古时候的中国究竟是不是一个能征善战的国家？"如果我们具备一定的历史常识，这个问题的答案十分明显：中国自古以来是一个爱好和平的国家，但是面对外族侵略和骚扰，中国人自来都有决心和能力开展斗争，取得胜利。中华民族既尚武，又崇文，是一个文武兼备的民族。

汉朝初年，北方的游牧民族匈奴曾不断侵扰国土边境，汉帝国在经历了文帝和景帝休养生息，积蓄力量之后，在汉武帝时代展开了声势浩大的大反击。在这个过程中诞生了卫青、霍去病、李广等诸多闪耀历史长河的名将，让我们骄傲至今。

[史记故事]

　　卫青出身贫苦，是一个私生子。因为自己不光彩的身份，卫青从小就在父亲家中做奴仆，后来又到皇室中做公主的仆从。后来，卫青的姐姐被汉武帝看中，封为夫人，卫青也因此得以侍从在皇帝的身边。卫青的才能很快就显露了出来，并且获得了汉武帝的赏识。

　　公元前129年匈奴南犯，汉武帝派出四路军队应敌，结果只有卫青率领的那一路军队凯旋，斩首俘虏了数百人，这场战役史称"龙城之战"。龙城之战是汉王朝对匈奴作战获得的首次胜利，卫青在此战名声大振。后来多次对匈奴的作战中，卫青捷报频传，汉武帝大喜，派遣特使到军中拜卫青为大将军，统领大部兵马。公元前119年，汉武帝命令卫青深入漠北，以求歼灭匈奴的主力部队。就这样，卫青率领军队浩浩荡荡地向漠北进发，最终一举歼灭了匈奴万余人，此战史称"漠北之战"。匈奴经此一役元气大伤，举族向更深的北方逃遁，自此危害汉王朝许久的匈奴边患得到了彻底的解决。

汉武帝时期另一位抗击匈奴的重要将领叫作霍去病，他是中国历史上非常耀眼的军事奇才。霍去病是卫青的外甥，深得汉武帝喜爱，汉武帝甚至曾经想要亲自教授他《孙子兵法》。在漠北之战的前两年，十八岁的霍去病曾率领八百骑兵奇袭敌营，大胜而归，甚至俘虏了匈奴首领的叔公与叔父，功劳在军中排列第一，汉武帝封他为冠军侯。在漠北之战中，霍去病率军追敌千余里，歼灭敌军七万人，一直将匈奴追击到狼居胥山（在今天的蒙古国），并在那里举行了祭天仪式。但可惜的是，霍去病英年早逝，去世时年仅二十四岁。霍去病去世的时候，汉武帝悲痛万分，他将霍去病安葬在自己未来的陵墓中，命令军队在霍去病的坟前排列成长阵，还把霍去病的坟修成祁连山的样子，以纪念这位战功卓著的天纵英才。

以抗击匈奴闻名的，还有一位名为李广的将军。李广骁勇善战，又颇有谋略，令匈奴敬畏，匈奴人都称李广为"飞将军"。相比起卫青和霍去病，李广在文帝、景帝时代就活跃在抗击匈奴的战场上了。有一次，李广曾率领一百名骑兵追击几个匈奴的精兵，在半道上却遇到了几千人的匈奴大军。若是这个时候逃跑，一定会被匈奴兵追赶射击。李广灵机一动，命令骑兵向匈奴军队移动，这做法让匈奴人慌了神，他们误以为李广所率的一百骑兵是来迷惑敌人的诱饵。因此，匈奴的军队也不敢贸然出击。其间，一个骑白马的匈奴将领走出来巡视军阵，李广就带着十几个人上前将他射杀，之后又返回到自己的骑兵中间。李广又命令大家下马解鞍，肆意坐卧。就这样，双方一直僵持到天黑，而匈奴军仍以为四周埋伏着汉兵，担心在夜中遭到袭击，于是就将军队全部撤走了。天亮以后，李广带着一百名骑兵安然回到了大军驻地。

[精彩原文]

是岁也，大将军姊子霍去病年十八，幸，为天子侍中。善骑射，再从大将军，受诏与壮士，为剽姚校尉，与轻勇骑八百直弃大军数百里赴利，斩捕首虏过当。于是天子曰："剽姚校尉去病斩首虏二千二十八级，及相国、当户，斩单于大父行籍若侯产，生捕季父罗姑比，再冠军，以千六百户封去病为冠军侯。上谷太守郝贤四从大将军，捕斩首虏二千余人，以千一百户封贤为众利侯。"……

冠军侯去病既侯三岁，元狩二年春，以冠军侯去病为骠骑将军，将万骑出陇西，有功。……

其秋，单于怒浑邪王居西方数为汉所破，亡数万人，以骠骑之兵也。

——《卫将军骠骑列传》

[知识拓展　匈奴西进]

被汉朝打败之后，匈奴分裂出南北两支，其中的南匈奴举部归降汉朝，北匈奴则继续活跃在漠北与汉朝为敌。东汉时期，北匈奴再次分裂，其中一部分投降汉朝，被安置在河套地区，剩余的部分则依旧为祸边疆。

公元89年，东汉大将窦宪、耿秉等人率军大破匈奴，迫使这支匈奴人向西迁徙。公元4世纪的时候，这支西迁的匈奴人来到了欧洲，并且继续不断西进。西进过程中，匈奴人遇到了许多对手，但都将他们一一征服。众多对手中，最著名的便是被罗马视为蛮族的日耳曼人。日耳曼人遭遇匈奴人时溃不成军，大量向西逃窜，围绕在罗马边境。

在征服了日耳曼各部落后，匈奴人建立起了属于他们的帝国。有一位名为阿提拉的著名领袖，匈奴在他的带领下走向全盛，当时的匈奴人的帝国被称为"阿提拉帝国"。日耳曼人在罗马帝国和阿提拉帝国的夹缝中生存，他们畏惧匈奴人，于是只好像多米诺骨牌一样向西倒去，侵吞罗马的疆土。终于在公元476年，西罗马帝国被西进的日耳曼人灭亡。

四十、武帝封禅

[导言]

　　和起源于地中海的欧洲文明不同，中国是一个依靠大陆发展出来的大陆型文明，所以古代中国人对陆地上的一切事物都充满了深厚的情感。其中，高耸入云的高山是大地上最雄伟壮观的事物，它寄托着中国对神圣与永恒的想象。

　　泰山千百年来被视为群山之首，它在中国传统文化中一直是国家政权的象征。从地理环境上看，泰山在中原大地上拔地而起，有睥睨（pì nì）天下之感。唐代诗人杜甫的诗歌《望岳》将登临泰山的感受描述为："会当凌绝顶，一览众山小。"正因如此，历代帝王都将泰山作为封禅大典的场所。

　　"封"指的是祭天，"禅"（shàn）指的是祭地，帝王需要亲自登上泰山举行封禅仪式，祈祷天地护佑国家太平。一般只有在太平盛世或祥瑞之兆降临的时候，才会进行封禅仪式。在历史行进到汉代第七位皇帝——汉武帝的时候，国家内部反叛势力基本被消灭，外部侵扰者匈奴也被赶跑，政治稳定，经济繁荣。于是，汉武帝决定举行一场盛大的泰山封禅大典。

[史记故事]

汉武帝刘彻在公元前141年继位，这时候的汉朝已经建国六十多年了。汉武帝在位期间，是西汉王朝的鼎盛时期，这时候国力强盛，百姓富足，天下安定。城邑中的仓库都塞满了粮食，官衙的府库中年年都有余钱。而京城中的钱财更是以百万来计算，串钱用的绳子朽烂而难以计数，粮食更是多到存放至腐败也吃不完。汉初时候丞相与将军只能坐牛车出行，如今的平民百姓户户都能养马，集聚成群。人人自爱而不愿触犯法律，崇尚礼节而抵触有辱名节的行为。对外，则有卫青、霍去病等名将扫除匈奴边患，更有张骞出使西域，与别的国家进行友好交往。

公元前116年，有一位巫师在汾阴（在今天山西省运城市）发现了一个宝鼎，这个鼎比起一般的鼎要大上许多，上面没有花纹，也没有文字。巫师感到很奇怪，就报告给了当地的官府，官府又将此事上报给朝廷。汉武帝派人去调查这个鼎，发现没有虚假诡诈的地方，就将这个宝鼎迎到了甘泉宫。大臣们向汉武帝进言："从前黄帝造了三个鼎，象征着天、地、人，到了后来，大禹统一九州，就造了九个鼎以表示天下一统。后世的君王德行衰败，这些鼎就在乱世中隐匿不见了。如今盛世来临，宝鼎重现人间，这是天降的祥瑞呀！"于是，汉武帝就将这个鼎进献到了祖先宗庙里，并改年号为"元鼎"。

自从得到了宝鼎，汉武帝就开始和群臣们讨论封禅的事情。公元前110年的春天，汉武帝先到了嵩山上举行祭祀。其间，群臣听见山下前后三次传来呼喊"万岁"的声音。

同年四月，朝廷各部准备好了泰山封禅典礼的各项事宜。于是，汉武帝身穿黄色的祭服，亲自登上泰山祭天，到梁父山祭地。其间，有雄伟的音乐为祭祀的仪式进行伴奏，官员们又放出远方进贡而来的飞禽异兽，为典礼的现场进行装点。整场祭祀十分隆重，在汉武帝离去之后，他祭祀的地方夜晚有白色的光芒放射而出，白天则有祥云升起。

回到宫中，汉武帝赏赐天下，赐予每　百户人家一头牛、十石酒，八十岁以上的老人以及孤儿寡母另外赐予布帛，免除了一些地方的赋税。后来，汉武帝又沿着海边巡视，向北到碣石（今河北昌黎），又去了其他许多地方，最后才回到宫中。这一年，汉武帝又改年号为"元封"。

[精彩原文]

自得宝鼎，上与公卿诸生议封禅。封禅用希旷绝，莫知其仪礼，而群儒采封禅《尚书》《周官》《王制》之望祀射牛事。齐人丁公年九十余，曰："封者，合不死之名也。秦皇帝不得上封。陛下必欲上，稍上即无风雨，遂上封矣。"上于是乃令诸儒习射牛，草封禅仪。数年，至且行。天子既闻公孙卿及方士之言，黄帝以上封禅，皆致怪物与神通，欲放黄帝以尝接神仙人蓬莱士，高世比德于九皇，而颇采儒术以文之。群儒既以不能辩明封禅事，又牵拘于《诗》《书》古文而不敢骋。上为封祠器示群儒，群儒或曰"不与古同"，徐偃又曰"太常诸生行礼不如鲁善"，周霸属图封事，于是上绌偃、霸，尽罢诸儒弗用。

——《孝武本纪》

[知识拓展　"永恒之城"罗马]

如果我们走上今天的泰山之巅，会看到一块大石头上刻着"五岳独尊"的大字——如果你暂时没有时间去泰山，也可以找一张五元人民币，看看它背面的图案。这是我们中国特有的文化地标。

许多国家和民族都有代表自己民族精神的文化地标。

古罗马帝国在公元前27年建立，欧洲自此迎来了历史上第一个，也是唯一一个统一的时代。罗马对于欧洲的影响是重大的，古罗马继承了古希腊的血脉，是欧洲文明的源头之一。在这里，内蕴着巨大价值的罗马风格，渗透到了世界各地的风格恢宏的建筑中。

今天意大利首都罗马城内，依然屹立着古罗马君士坦丁时期建造的凯旋门。凯旋门是古罗马时代帝国的象征，在欧洲人心中，凯旋门作为文化地标的意义，就像泰山对于中国人一样重大。

分裂灭亡是罗马帝国最终遭受的历史命运（西罗马帝国于公元476年灭亡，东罗马帝国于公元1453年灭亡），虽然没能像中国一样做到长期的统一，但欧洲文明的统一却是罗马的遗绪，它作为"永恒之城"的形象永远地烙印在世人心中。

[史记故事出处]

主题	出处
炎黄子孙	翻译、整理自《五帝本纪》
九州禹迹	翻译、整理自《五帝本纪》《夏本纪》
汤武革命	翻译、整理自《殷本纪》《周本纪》
周朝分封	翻译、整理自《周本纪》
烽火戏诸侯	翻译、整理自《周本纪》
齐桓称霸	翻译、整理自《齐太公世家》《管晏列传》
晋文公	翻译、整理自《晋世家》
楚国兴起	翻译、整理自《楚世家》
晋楚争霸	翻译、整理自《晋世家》
秦穆公	翻译、整理自《秦本纪》
吴越争霸	翻译、整理自《越王句践世家》
孔子与孔门弟子	翻译、整理自《孔子世家》《仲尼弟子列传》
三桓之乱	翻译、整理自《鲁周公世家》
田氏代齐	翻译、整理自《齐太公世家》《田敬仲完世家》
三家分晋	翻译、整理自《晋世家》
魏文侯	翻译、整理自《魏世家》《滑稽列传》
赵武灵王	翻译、整理自《赵世家》
商鞅变法	翻译、整理自《商君列传》
司马错伐蜀	翻译、整理自《张仪列传》
范雎入秦	翻译、整理自《范雎蔡泽列传》
合纵连横	翻译、整理自《苏秦列传》《张仪列传》
战国四公子	翻译、整理自《齐太公世家》《楚世家》《魏世家》《赵世家》
先秦诸子	翻译、整理自《老子韩非列传》《孙子吴起列传》《孟子荀卿列传》
屈原	翻译、整理自《屈原贾生列传》《张仪列传》
乐毅	翻译、整理自《乐毅列传》
白起	翻译、整理自《白起王翦列传》
鲁仲连	翻译、整理自《鲁仲连邹阳列传》
吕不韦	翻译、整理自《吕不韦列传》
荆轲刺秦	翻译、整理自《刺客列传》
秦始皇统一中国	翻译、整理自《秦始皇本纪》
陈胜吴广起义	翻译、整理自《陈涉世家》
西楚霸王	翻译、整理自《项羽本纪》
楚汉争霸	翻译、整理自《项羽本纪》《高祖本纪》
汉初三杰	翻译、整理自《高祖本纪》《萧相国世家》《留侯世家》《淮阴侯列传》
汉初动乱	翻译、整理自《高祖本纪》《淮阴侯列传》《魏豹彭越列传》《黥布列传》
吕后称制	翻译、整理自《高祖本纪》《吕太后本纪》
七国之乱	翻译、整理自《吴王濞列传》《绛侯周勃世家》
文景之治	翻译、整理自《孝文本纪》《孝景本纪》
汉匈战争	翻译、整理自《卫将军骠骑列传》《李将军列传》
武帝封禅	翻译、整理自《孝武本纪》《封禅书》